ERMES RONCHI

DIE WEIHNACHTSÜBERRASCHUNG ODER:
WAS DA DRINSTECKT

Ermes Ronchi

Die Weihnachts-
überraschung

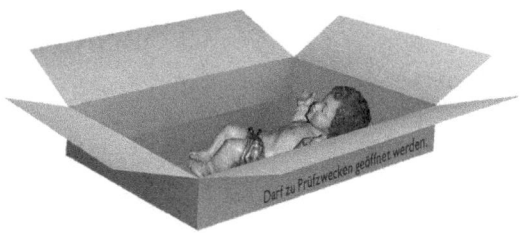

oder: Was da drinsteckt

VERLAG NEUE STADT
MÜNCHEN · ZÜRICH · WIEN

Titel der italienischen Originalausgabe:
Ermes Ronchi, Natale. L'abbraccio di Dio.
© 2011 Figlie di San Paolo, Via Francesco Albani, 21,
I-20149 Milano. www.paoline.it

Übertragung aus dem Italienischen:
Stefan Liesenfeld

Klimaneutral gedruckt. Weil jeder Beitrag zählt.

Mehr Bäume. Weniger CO$_2$

2018, 1. Auflage
© Alle Rechte der deutschsprachigen Ausgabe
bei Verlag Neue Stadt GmbH, München
Umschlaggestaltung und Satz: Neue-Stadt-Grafik
Druck: cpi – Clausen & Bosse, Leck
ISBN 978-3-7346-1166-7

www.neuestadt.com

Inhalt

Zu diesem Buch: Überraschung? 5

Zur Einführung:
Von Gott umarmt – und nicht nur das! 9

„Gottesschwanger" 17

Mut, sich aufzumachen 35

Von Zweifeln und Träumen 55

Die „verrückte" Botschaft von Betlehem 69

Über einen Stern gestolpert 93

Heilige Familie in Krise 115

Zu diesem Buch
Überraschung?

Weihnachten weckt unterschiedlichste Gefühle. Alle Jahre wieder – was soll da noch überraschen? Ermes Ronchi, weltbekannt durch den Bestseller „Die nackten Fragen des Evangeliums", seine als Buch veröffentlichten Exerzitien vor Papst und Kurie, gelingt es in seinen „Weihnachtsreflexionen" tatsächlich zu überraschen. Vielleicht, weil er das Fragen und Nachfragen liebt, und noch mehr wohl, weil er selbst offenkundig das Staunen nicht verlernt hat.

Wie Pater Ronchi die biblischen Texte zu und um Weihnachten liest, wie oft Gehörtes und vermeintlich Bekanntes – einmal „aufgepackt" – plötzlich ganz neue Facetten zeigt, das ist nicht alltäglich. Ebenso wenig wie die Brücken, die der Autor immer wieder vom Glauben ins Leben baut.

So bleibt nur der Wunsch nach viel Freude bei der Lektüre, dass von dem, was „da drinsteckt", etwas auch für Sie selber interessant, ja inspirierend ist.

Verlag Neue Stadt

Einführung

Von Gott umarmt – und nicht nur das!

Das göttliche Wort, das nicht sprechen kann

An Weihnachten steht der Logos, wie es auf Griechisch heißt, das göttliche „Wort", als ein Kind vor uns, das nicht sprechen kann. Der Ewige: ein Neugeborenes in der ersten Morgenstunde seines Lebens.

Ein neugeborenes Kind macht keine Angst: Es kann sich nur *anvertrauen*. Es kann nur leben, wenn jemand sich seiner in Liebe annimmt. Wie jedes neugeborene Kind wird dieser Jesus nur leben, wenn er geliebt wird und weil er geliebt wird.

Wir stehen hier vor dem zentralen Punkt, vor der Mitte des Mysteriums: Jesu Geburt markiert die Wasserscheide auf dem Weg der Begegnung zwischen Mensch und Gott. Jahrtausendelang haben Menschen Gottes Antlitz gesucht, sie haben versucht, ein Wort von ihm zu hören – im Donnerhall oder im Säuseln des Windes. Und nun tut sich unversehens der Himmel auf und es geschieht das Unmögliche. Und das auf eine völlig überraschende Weise, die den menschlichen Denkhorizont sprengt.

Ein Kind, in Windeln gewickelt, in einem Futtertrog. Ein Kind: nichts Ungewöhnliches. In Windeln: geradezu banal. Und ausgerechnet dies soll das Zeichen sein, dass Gott gekommen ist?!

Gott, verletzlich und bedürftig

Dass Gott selber ein verletzlicher Mensch geworden ist, dass er die menschliche „Zerbrechlichkeit" angenommen hat, genau dies ist die Chiffre seines Daseins in unserer Mitte; er geht an unserer Seite als einer von uns. Und darin offenbart sich der himmlische Vater. Das sprengt unsere gängigen Vorstellungen von Gott.

Gott – im ganz Kleinen.
Sein Wort: der Schrei eines Neugeborenen.
Gott: bedürftig.

Gott: angewiesen auf liebevolle Zuwendung,
auf ein Lächeln,
auf eine Hand, die ihn zärtlich streichelt,
auf eine Brust, die ihn stillt.
Ein Kind in Windeln, in einem Futtertrog:
Dies ist *das* Zeichen,
das den Hirten – und uns – gegeben wird,
um ihn zu erkennen.

Wie die Hirten, so sollten auch wir uns die Zeit nehmen, vor dieser Krippe zu verweilen. Bleiben wir stehen und betrachten wir sie einmal mit neuen Augen. Einem oberflächlichen Blick entgeht es, doch darin verbirgt sich etwas, was der Dreh- und Angelpunkt, das alles Entscheidende für unser Leben werden kann.

Die unerhörte Botschaft der Krippe

Wenn wir dem Antlitz Gottes begegnen wollen, führt der Weg von Nazaret zurück nach Nazaret: von einem Engel, der zu einer jungen Frau spricht, hin zu dreißig Jahren Alltag, die in Schweigen gehüllt sind. Doch er führt über Betlehem, über eine Krippe, die uns etwas Unerhörtes „sagt": die Menschlichkeit Gottes, seine – wie es plastisch heißt – „Fleisch-Werdung": Da hat Gott uns Menschen in seine Arme geschlossen, da hat er sich mit uns, mit jedem Menschen in seinem Menschsein identifiziert und uns das Heil gebracht.

In der Theologie wird die Erlösung der Menschheit meistens als Freikauf, als Befreiung vom Sündenfall, als Tilgung der Sündenschuld gesehen, die Christus um den Preis seines Kreuzestodes erwirkt hat. Eine weniger verbreitete Sicht in der Tradition der johanneischen Gemeinde, die insbesondere von Irenäus von Lyon vertreten wurde, hat aber auch interessante Spuren hinterlassen, vor allem in der Liturgie. Ihr zufolge ist das Heil nicht erst an Ostern, sondern schon an Weihnachten gekommen. So heißt es in der Liturgie des Heiligen Abends in der Antiphon vor dem Evangelium: „Morgen", das heißt am Weihnachtstag, werde die Sünde der Welt vernichtet – durch die Geburt Jesu. Wie das Licht der Dunkelheit ein Ende setzt, wie der Frühling den Winter überwindet, so wird sein Kommen die Sünde besiegen. „Morgen", also lange vor Ostern, in einer Krippe, nicht erst am Kreuz; in einem Kind, das nichts tut ..., außer dass es weint und sich an die Brust der Mutter klammert.

Tut es wirklich nichts? Doch: Gerade so bringt es das Heil. Es ist, als habe sich mit der Menschwerdung Gottes etwas substanziell beim Menschen verändert.

Von Gott umarmt – und nicht nur das!

Die Welt ist nicht mehr das, was sie war, die Geschichte hat eine neue Richtung genommen ...

In der „Messe vom Tag", am 25.12., heißt es in der Antiphon zur Kommunion, dass alle Völker das Heil unseres Gottes gesehen haben. In der Nacht in Betlehem ist es sichtbar geworden in einem Kind in der Krippe. Sie haben das Heil gesehen, es ist schon präsent und ist schon am Werk; denn Gott ist zur Menschheit gekommen, zu allen Menschen. Keiner ist mehr verloren, keiner außerhalb von Gott; kein Mensch kann sich so weit entfernen, dass er aus dieser „Umarmung Gottes" herausfallen würde, die an Weihnachten geschehen ist.

Im selben Gottesdienst wird bei der Gabenbereitung die Bitte geäußert, Gott möge uns teilhaben lassen an dem göttlichen Leben dessen, der unsere Menschennatur angenommen hat. Erlösung, Heil, das ist dieser göttlich-menschliche Tausch, diese Osmose, dieses Geschenk neuen Lebens, das sich an Weihnachten ereignet. Gott tritt ein in unser menschliches Leben, damit sein Leben in uns sei.

Der Stall von Betlehem ist ein Symbol für mich; ich, dieses Geschöpf aus Erde, aus „Lehm", bin die Grotte, in der immer neu und immer wieder der Sohn Gottes zur Welt kommt. Christus wird als Kind dieser Erde geboren, damit ich als Kind des Himmels geboren werde. „Allen, die ihn aufnahmen, gab er Macht, Kinder

Gottes zu werden", heißt es im Johannesevangelium (1,12). Nicht nur die Möglichkeit gibt er, sondern die „Macht": jenes mächtige Potenzial, das bereits aus der Menschwerdung Gottes ausströmt.

In dem grandiosen Prolog des Johannesevangeliums heißt es: „Das Wort ist Fleisch geworden" (1,14). Es heißt da nicht, dass das Wort „Jesus von Nazaret" geworden ist; auch nicht, dass es „Mensch" geworden ist. „Fleisch" ist es geworden, der „Stoff", aus dem wir gemacht sind, zerbrechlich, öfter ungestüm und mit manch dunkler Seite. Der Töpfer aus dem Garten Eden, der den Menschen aus einem Lehmklumpen geformt hat, so das anschauliche Bild, wird selbst zu jenem Lehm, aus dem er das „Gefäß", den Menschen, gemacht hat. Er tritt nicht nur bloß von außen in die Menschheit ein als ein anderes, fremdes Element, sondern er *wird Fleisch*. Er findet nicht nur Eingang in mich, sondern er wird, was ich bin. Er wird das, was mich zuinnerst ausmacht, mein Atem, mein Leben, meine Träume. Was ich bin, dazu ist er geworden. Er nimmt mein Menschsein an und verwandelt mich so von innen her.

„Oh Mensch, werde dir bewusst, was du bist ... Bedenke deine königliche Würde: Du trägst Gott in dir!", schreibt Gregor von Nyssa. „Du trägst Gott in dir", als „Teil" von dir, als das Kostbarste von dir.

Ohne Weihnachten wäre ich nicht, was ich bin. Seit Weihnachten ist dies das Spezifikum der Menschheit: Gott, der mitten hineingekommen ist in unsere Realität. Der Atem Gottes in uns, die „Fleischwerdung des Wortes", das Wehen des Gottesgeistes, dies macht den Menschen im Tiefsten aus.

Dabei geht es um ein *Ereignis*, das weitergeht und hier auf Erden nie ganz abgeschlossen ist. „Das Wort" wird weiter „Fleisch": als Licht in der Dunkelheit, wie „Sauerteig" im Mehl, wie eine Prise Salz, die dem Essen Geschmack verleiht, als die Liebe in aller Liebe. Und der Sauerteig lässt sich nicht mehr vom Brot unterscheiden und trennen.

Gott ist zu uns gekommen „in unserem Fleisch" und will weiter zu uns kommen, um uns von innen her zu verwandeln. Er wird „Fleisch", und wir können ihn geradezu spüren – als jene Kraft, die uns nach oben zieht, als „Gravitationskraft zum Himmel", und zugleich als die Kraft, die uns vorwärtsdrängt. Es ist eine Energie, die uns in die Vertikale zieht, hin zu den Menschen, und im selben Moment nach oben, hin zu Gott.

Weihnachten, Menschwerdung, Inkarnation, das bedeutet *Heil, Erlösung*. Unser Heil ist dieser Jesus, der hineingekommen ist in unser „Fleisch", als milder und doch so kräftiger Sauerteig in der menschlichen Existenz, als „Teil von mir" (nicht als bloß äußere „Zutat"!). Christus ist in mir, in allen Menschen – als jene Kraft, die nach oben führt, zu einem Leben in seinem Licht, zu einem Leben, wie es kein schöneres gibt.

Und er will uns immer mehr durchdringen: Jeder Gläubige ist ein „werdender Christus", noch ganz am Anfang und noch lange nicht „fertig".

> „Ich bin nicht /
> noch nicht und nie /
> Christus /
> aber ich bin diese /
> unendliche /
> Möglichkeit."
>
> (David Maria Turoldo)

In diesem Sinn können wir sagen: Unser Heil liegt in dieser „unendlichen Möglichkeit", Christus zu sein. Mit Dante gesagt: Der „Vermenschlichung" Gottes, wie er es nennt, entspricht die „Vergöttlichung" des Menschen. Vergöttlichung, so wagten die Kirchenväter des Ostens zu sagen, ist unser aller Bestimmung als Menschen. Es geht darum, die zu werden, die wir sind.

An Weihnachten, mit der Geburt Jesu, ist all dies in Gang gekommen: als Gott uns in seine Arme geschlossen hat, indem er „unser Fleisch angenommen hat".

„Gottesschwanger"

Die Ankündigung der Geburt Jesu

Im Lukasevangelium lesen wir: „Im sechsten Monat wurde der Engel Gabriel von Gott in eine Stadt in Galiläa namens Nazaret zu einer Jungfrau gesandt. Sie war mit einem Mann namens Josef verlobt, der aus dem Haus David stammte. Der Name der Jungfrau war Maria. Der Engel trat bei ihr ein und sagte: Sei gegrüßt, du Begnadete, der Herr ist mit dir.

Sie erschrak über die Anrede und überlegte, was dieser Gruß zu bedeuten habe.

Da sagte der Engel zu ihr: Fürchte dich nicht, Maria; denn du hast bei Gott Gnade gefunden. Siehe, du wirst schwanger werden und einen Sohn wirst du gebären; dem sollst du den Namen Jesus geben. Er wird groß sein und Sohn des Höchsten genannt werden. Gott, der Herr, wird ihm den Thron seines Vaters David geben. Er wird über das Haus Jakob in Ewigkeit herrschen und seine Herrschaft wird kein Ende haben. Maria sagte zu dem Engel: Wie soll das geschehen, da ich keinen Mann erkenne?

Der Engel antwortete ihr: Heiliger Geist wird über dich kommen und Kraft des Höchsten wird dich überschatten. Deshalb wird auch das Kind heilig und Sohn Gottes genannt werden. Siehe, auch Elisabet, deine Verwandte, hat noch in ihrem Alter einen Sohn empfangen; obwohl sie als unfruchtbar gilt, ist sie schon im sechsten Monat. Denn für Gott ist nichts unmöglich.

Da sagte Maria: Siehe, ich bin die Magd des Herrn; mir geschehe, wie du es gesagt hast. Danach verließ sie der Engel" (Lukas 1,26-38).

* * *

HÖREN

Eine erste Beobachtung. Maria betritt die Bühne der Geschichte als eine *Hörende*: Sie hört, was der Engel ihr sagt. Sie verweist damit auf den ersten Schritt, der nötig ist, um zu einer echten Beziehung zu finden – mit den Geschöpfen, mit Menschen oder mit Engeln: *das Hören, die Kunst zuzuhören.*

> An Maria können wir ablesen,
> was wir tun können,
> damit sich in unserem Leben
> das Licht Bahn brechen kann:
> mitten in allem Lärm
> *eine Oase des Hörens schaffen.*

Das Höchste, was wir in diesem Leben erlangen können, so Meister Eckhart, ist das Verharren im Schweigen, sodass Gott in unserem Innern sprechen und wirken kann. Wir müssen sehr still werden, um das wunderbare Schweigen Gottes zu hören.

Kein Grund zur Furcht

Ein Zweites: Maria *erschrickt* bei den Worten des Engels. Ein Moment der Irritation, der Verwirrung. Ein „Moment", der sich in unserem Leben über Jahre hinziehen kann. Und auch wer einmal „Ja" gesagt hat, ist nie gefeit vor einer solchen Erfahrung.

Die Antwort „von oben" lautet: „Fürchte dich nicht, Maria!" – Gott kommt in unser Leben, zu dem auch das Verstört-Sein, innere Nöte, wirre Gefühle und Empfindungen gehören, und zeigt uns neu, woran wir uns halten können: Da ist immer wieder ein Polarstern, der Orientierung gibt …

> Gott kommt in unser Leben,
> auch wenn es noch so ungeeignet ist.
> Oder vielleicht gerade deshalb.
> Fürchte nicht deine Schwachheit!
> Wir Menschen sind nie wirklich bereit.
> Doch Gott erlöst.

Nachfragen erwünscht!

Dritter Moment: „Wie soll das geschehen, da ich keinen Mann erkenne?", fragt Maria. Zacharias wollte vom Engel ein Zeichen haben, Maria *fragt nach*.

Gott Fragen stellen, das bedeutet: ihm begegnen in all unserer menschlichen Würde.

Ich akzeptiere das Mysterium, aber ich bediene mich auch meines Verstandes.

Ich sage, welchen Weg ich gehen will, und sage dann Ja dazu, dass es Wege gibt, die über das hinausgehen, was ich selbst geplant hatte.

Ich bin mir aber auch einer Gefahr bewusst: Ich könnte mir ja lediglich einbilden, dass Gott mir dies und jenes sagt – dabei hat er es vielleicht gar nicht gesagt. Schon darum ist es gut, nachzufragen, nach dem Sinn zu fragen.

GOTT KOMMT GANZ DEZENT

Viertens. An diesem Punkt zeigt sich der typische Stil Gottes. Er werde Maria „überschatten", heißt es; die göttliche Macht macht sich zum Schatten. Der Höchste verhüllt sich, verbirgt sich geradezu. Wie ein Schatten legt er sich über die junge Frau. Gott kommt ganz dezent.

> Du wirst Gott nicht finden
> in blendenden Visionen,
> nicht im Glanz des Tempels,
> sondern *mitten im Leben*,
> in diesem oft ganz dunklen „Gefäß":
> Im dunklen Schoß
> ist das Licht des Lebens.

„Nur die Mutter wusste, dass er der Sohn einer Verheißung war, Frucht aus dem Samen einer Engelsstimme" (E. De Luca). Wenn Gott in unser Leben treten und bei uns bleiben will, so kleidet er sich stets in Armut, nimmt „Knechtsgestalt" an (vgl. Philipper 2,6f). Er drängt sich nicht auf, er will gesucht werden. Und nur von denen wird er aufgenommen, nur diejenigen können ihn „gebären", die sich diesen „Lebensstil" selbst zu eigen machen: Menschen wie Maria, die ihrerseits Dienende werden wie er. „Siehe, ich bin die Magd des Herrn", sagt sie. Die Nähe Gottes führt zum Dienen. So ist es überall in der Bibel, in der Geschichte. Gottes Nähe bewegt unwillkürlich zum Dienst an Gott, und untrennbar damit verbunden: zum Dienst am Menschen.

Auch heute sagt uns der Engel wieder diese entscheidenden Worte: *Fürchte dich nicht; der Herr wird kommen, und er wird dein Leben reich machen.*

Die Hoffnung ist eine „schwangere Jungfrau": In ihrem Schoß trägt sie eine andere Welt.
    Niemand weiß so wie die Frauen, wie die Mütter, was „Erwartung" bedeutet; es ist ihnen geradezu in den Leib geschrieben. Sie sind in Erwartung – nicht weil ihnen etwas fehlen würde, sondern weil etwas Wunderbares bevorsteht. Sie sind in Erwartung – nicht weil eine Leere zu füllen wäre, sondern weil eine Überfülle an Glück und Leben bereits hineindrängt in ihr Leben.

In Erwartung sein, Warten auf die Geburt:
Wo der Geist Gottes weht, wächst neues Leben heran.

"Gottesschwanger"

Eine Vorliebe für die Peripherie
oder:
Gott kommt von den Rändern

Gabriel, Gott, Galiläa, Nazaret, Josef, David, Maria. Sieben Namen ziehen sich durch die Verkündigungsgeschichte. Gleich zu Beginn werden Personen und Orte genannt, ein klares Signal, dass es um etwas Geschichtliches, um etwas Konkretes geht, keineswegs um eine Theorie.

Nazaret: Alltagsleben,
kein Eintauchen ins Außergewöhnliche.
Gottes Vorliebe heißt *tempus*, nicht *templum*:
Gott zieht dem Tempel die Zeit vor,
der Synagoge das Wohnhaus.

Diese Geschichte erzählt vom „Stil Gottes", von seiner Art zu agieren. Sein Handeln spielt sich nicht außerhalb der menschlichen Geschichte ab, er schafft keine Parallelwelt mit Wesen, die speziell für sein Wirken geschaffen worden wären. Er tritt ein in *unseren* Zeit-Raum, und zwar an einem ganz bestimmten Ort unserer Welt, an einem ganz bestimmten Punkt der Menschheitsgeschichte, im Leben ganz bestimmter Menschen. Ein Stück Erde, konkrete Menschen ... –

alles ist „ganz irdisch" und zugleich bewohnt von Liebe und Engeln, von etwas ganz anderem. Gott nimmt diese Welt, wie sie ist, und realisiert *darin* seine Verheißung. Wie? *Indem er an der Peripherie ansetzt. Gott hat eine Vorliebe für die Ränder.*

Maria ist die Frau der Peripherien:

Eine Frau aus Palästina, einer kleinen Randprovinz des Römischen Reiches.

Eine Frau aus Galiläa, einer Randregion Israels, fast schon Syrien, nicht gerade bedeutend und beinahe „häretisch".

Eine Frau aus Nazaret, einem Dorf, das die Heiligen Schriften des jüdischen Volkes (unser Altes Testament) kein einziges Mal erwähnen, einem Ort ohne große Geschichte, ohne nennenswerte Vergangenheit und Zukunft.

Eine Frau in einer Gesellschaft, in der die Frauen keinen guten Stand hatten.

Eine *junge* Frau in einem Umfeld, in dem die Alten das Sagen hatten.

Womöglich eine Analphabetin in einer Religion, die in Ehren hält, was geschrieben steht.

Ein Mädchen, das schwanger wird, bevor es mit einem Mann zusammenlebt, durch das Wirken eines Anderen.

„Gottesschwanger"

Diese „heilige Maria aus den äußersten Peripherien" sagt uns:

> Ihr alle könnt euch in mir wiederfinden;
> denn keiner ist weniger als ich.

Maria steht für den Weg der „Armen Israels". Es ist der Weg, den Jesus selbst, er, der Christus, vorgezogen hat. Es ist der Weg, den er mit seiner Geburt im Stall angetreten und später in der Synagoge von Nazaret proklamiert hat: „Ich bin gekommen, um den Armen eine frohe Nachricht zu bringen"; es ist der Weg eines Messias, der ein Kind als Beispiel für die hinstellt, die in seinem Reich groß sind, und der die Letzten am meisten liebt. Gott beginnt bei den Kleinen.

Die Pracht des Schlichten

An irgendeinem Tag, an irgendeinem Ort, irgendeine junge Frau ... Die überraschende frohe Botschaft trifft mitten hinein in die Normalität – als eine „Botschaft der Gnade": „Einfach so" wendet sich Gott uns zu. Es ist paradox: Etwas Kolossales geschieht inmitten der absoluten Alltäglichkeit, vor der schmucklos-kahlen Kulisse Nazarets, in ganz einfachen Zeichen, ohne Zeugen, fern des Emotionen weckenden Tempels mit seinen Lichtern.

Ein wunderbarer Gedanke: Gott berührt dich nicht nur in den feierlichen Liturgien in den Kathedralen, nicht nur in Synagogen oder Kapellen, nicht nur auf Weltjugendtagen oder in Exerzitien, sondern auch – und vor allem – im ganz gewöhnlichen Leben, im Alltag.

In der Alltäglichkeit ist uns die Möglichkeit geschenkt, etwas nachzuempfinden, ja zu erspüren vom Staunen Gottes, der beim Anblick seiner Schöpfung freudig ausrief: Wie schön! – Er schaute es im Einzelnen an und sah, dass es gut und *schön* war (*hôti kalòn*, heißt es im Griechischen). Das göttliche Staunen ist keineswegs passé; Gott hat seine Freude an der „alltäglichen Schönheit" seiner Kreaturen, an dem, was Heidegger „die Pracht des Schlichten" nannte, an der „geheimnisvollen Strahlkraft dessen, was einfach und verborgen ist" (D. Rondoni).

Auf die junge Frau aus Nazaret passt die Intuition des Philosophen perfekt:

> In Maria leuchtet auf
> die Schönheit des Schlichten,
> der Glanz der Einfachheit.

„Gottesschwanger"

Ohne allen Pomp, nackt und bloß ging Adam, der Mensch, aus den Händen seines Schöpfers hervor: „sehr gut, sehr schön"! So, wie er ihn sich erträumt hatte, noch ganz rein, durch nichts befleckt. So ist Maria, dieses schlichte, wunderbare Geschöpf. „Wilde Nelke / es bereitet dir keine Mühe / Tochter des Herrn zu sein" (B. Fignon).

Die Armen kommen in den Geschichtsbüchern kaum vor, sie „machen keine Geschichte", wie es heißt. Auch Maria entgeht nur knapp – aufgrund ihres Sohnes – der Anonymität der Geschichte. Maria bezirzt nicht durch die Schönheit der Venus, sie verführt nicht wie eine Isis oder andere Muttergottheiten, welche die antiken Kulturen im Mittelmeerraum bevölkerten. Maria hat auch nichts vom Glanz einer Hofdame oder einer betuchten, gebildeten Frau. Was an Maria berührt, ist das schlichte Antlitz eines Mädchens vom Land, ein reines Antlitz im ursprünglichen Sinn: frei von allem, was nicht authentisch wäre; ein „jungfräuliches" Gesicht, unberührt, unverstellt und ungeschminkt, ohne Masken – „arm", schlicht und echt.

Gott kann Eingang finden, wo er Raum findet, wo er auf ein „Leer-Sein" trifft, auf Transparenz, vergleichbar der reinen Luft, die das Licht der Sonne ungehindert durchlässt. Das Beste, was die Seele dem Geist gegenüber tun kann, so Simone Weil, ist: „arm sein", arm in diesem Sinne.

In einem großartigen Bild beschreibt die Mystik der Sufis die Demut der Diener Gottes: im Bild einer Sanduhr, die sich freudig entleert. Die Freude der „Armut" entspringt einer Gewissheit: Die Sanduhr weiß, dass bald, ganz unvermittelt, eine Hand sie umdrehen wird.

GOTTES KOMMEN VERÄNDERT LEIB UND LEBEN

Die Verheißung des Engels an Maria ist ganz konkret: „Siehe, du wirst schwanger werden und einen Sohn wirst du gebären." Das Kommen Gottes verändert Leib und Leben. Auch den Leib, und das sollten wir nicht übersehen; es ist bedeutsam: Ohne den Leib Marias würde der Frohen Botschaft das Konkrete abgehen, es würde zur Gnosis oder zu einer Ideologie oder einem Moralkodex. Der Leib Marias ist einer der geschichtlichen Berührungspunkte des Menschlichen mit dem Göttlichen: „Maria ist einer der ‚Orte', an denen sich unser Leben in seiner Materialität mit Gott trifft" (L. Tommassone), und zwar ein einzigartiger

„Berührungspunkt". Auf unvergleichliche und doch exemplarische Weise zeigt sich an Maria, wie die Begegnung mit Gott verändert – und zwar nicht bloß den Geist, sondern den Leib und das Leben als Ganzes. Der Glaube, so A. Merini, erfasst dich so, dass du buchstäblich gebierst. Er ist anderes und weit mehr als ein abstraktes Gedankengebäude! Wie einzelne Seiten zu einem Buch zusammengebunden werden, so sind in Maria geradezu exemplarisch die Materialität menschlicher Existenz und Gott „zusammengebunden". In einer kurzen Notiz, seinem einzigen Hinweis auf Jesu Mutter, bringt Paulus diese Verbindung von Sichtbarem und Unsichtbarem auf den Punkt: „... geboren von einer Frau" (Galater 4,4).

Nicht durch eine Abnahme des Menschlichen
wächst das Göttliche in uns.
Weniger „Menschliches" bedeutet keineswegs
mehr „Göttliches".
Im Gegenteil:
„Mehr Gott" heißt „mehr Mensch",
„mehr wahres Ich".

Gäbe es Weihnachten nicht,
wäre Gott nicht gekommen,
so wäre das eine Verarmung meines Menschseins.

Wer Leben sucht, echtes, wahres Leben, der wird Gott finden. Und wer Gott findet, der findet Leben in Fülle. Dietrich Bonhoeffer hat recht, wenn er feststellt, dass ein Göttliches, das nicht das Menschliche aufblühen lässt, nicht interessiert. Welche Bedeutung hätte es für uns?

Die göttliche Verheißung ist höchst konkret: Sie zielt auf die Wandlung von Leib und Leben. An Maria zeigt sich überdeutlich, wie Gott ein Leben verändert; gerade in dieser Wandlung wird sein Wirken offenkundig. In einem Bild von Simone Weil ausgedrückt: Die Freunde der Braut sehen nicht, was in der Intimität zwischen Braut und Bräutigam geschieht, aber wenn der Bauch der Braut zu wachsen beginnt, bekommen sie eine Ahnung davon, was im geschützten Raum des Hochzeitsgemachs geschehen ist. – Ich weiß, dass du Gott begegnet bist, wenn du verwandelt von der Begegnung zurückkehrst: Man sieht es dir an.

> Gott zu begegnen,
> verwandelt das Leben
> und macht es fruchtbar.

Für uns heute ist dies eine der größten Herausforderungen: dass sichtbar wird, wenn wir Gott begegnet sind. Was sind die sichtbaren Zeichen einer solchen Begegnung, wie hat sie das Leben verwandelt? Was zeichnet ein Leben aus, in dem Gott „wohnt"? Sind wir imstande, die Spuren der Berührung durch Gott zu bezeugen? Gibt es sichtbare Zeichen, dass Gott in unserem Leben „vorübergegangen" ist, dass er da war?

Die Frohe Botschaft braucht geradezu einen „körperlichen Vorschuss", damit wir Menschen glauben, ein Grundkapital an Inkarnation, anders gesagt: Die Frohe Botschaft braucht *Menschen, deren Leben sichtbare Spuren der Berührung durch Gott zeigt, Menschen, die gezeichnet, die geprägt sind von seinem Wort.*

Das Evangelium braucht solche Menschen, deren Leben und Leib es seinen Stempel aufgedrückt hat, „Märtyrer" im ursprünglichen Sinn des Wortes: Zeugen, Personen, deren Leben Zeugnis gibt. Nicht weil das Evangelium ohne sie nicht glaubwürdig sein könnte. Sondern weil jeder von uns die furchtbare Macht hat, durch das eigene Anti-Zeugnis die Botschaft um ihre Glaubwürdigkeit zu bringen.

Lassen wir zu, dass das Wort Gottes Gestalt annimmt in unserem Leben, dass es unsere Hände führt, dass es unsere Augen öffnet, dass es uns zu Taten animiert – anders als bisher, wie nie zuvor in Richtung Frieden, in Richtung Gerechtigkeit, in die Richtung einer zärtlichen, liebevollen Achtsamkeit.

Maria ist die maßgebliche Zeugin, dass Gott im menschlichen Leben präsent ist und es verwandelt. Dafür, dass am Ende das Heilige und die Lebenswirklichkeit in eins fallen.

IM RAUM DER LIEBE

Maria, die Verlobte ... – eine junge Frau, verliebt, eingetreten in den Raum der Liebe, jene große Verheißung des Lebens. Es ist ein geheimnisvoller Raum, der Ort, wo das Leben sein Fest feiert.

Liebe will Ewigkeit: Nie soll sie enden!

Mit der Liebe kommt das Wozu des Lebens ins Spiel.

Christos Yannaras schreibt in seinem Buch über das Hohelied: „Wenn du dich einmal verliebt hast, dann weißt du, dass Leben etwas anderes ist als Überleben. Überleben bedeutet: ... Du isst Brot, aber es reicht nicht, um dich aufrechtzuhalten; du trinkst Wasser und bleibst doch ein Dürstender; du berührst die Dinge und spürst sie doch nicht; du riechst die Blumen und doch erreicht ihr Duft nicht deine Seele. Wenn aber der geliebte Mensch neben dir ist, erwacht alles zu neuem Leben; es durchströmt dich mit solcher Kraft, dass du fürchtest, es könnte dich zerreißen ... Eine solche Lebensfülle ist die Liebe ... Und doch ist sie erst ein Vorgeschmack auf das Gottesreich ..."

Vielleicht ist deshalb das Wort „Gott" so untrennbar mit dem Wort „Liebe" verbunden. Liebe ist nicht nur eine menschliche Sache.

> Wenn irgendetwas auf Erden
> den Weg zur Transzendenz öffnet,
> so ist es die Liebe.

Maria ist gerade deshalb offen für die Transzendenz, weil sie, die Verlobte, eingetreten war in den Raum der Liebe. Sie, die Verliebte, vermag die Botschaft des Absoluten, des geheimnisvollen Gottes, der Liebe ist, zu vernehmen.

Mut, sich aufzumachen

Maria, inzwischen schwanger, verlässt ihr Zuhause und macht sich auf zu ihrer Verwandten Elisabet.

„In diesen Tagen machte sich Maria auf den Weg und eilte in eine Stadt im Bergland von Judäa. Sie ging in das Haus des Zacharias und begrüßte Elisabet. Und es geschah, als Elisabet den Gruß Marias hörte, hüpfte das Kind in ihrem Leib.

Da wurde Elisabet vom Heiligen Geist erfüllt und rief mit lauter Stimme:

Gesegnet bist du unter den Frauen und gesegnet ist die Frucht deines Leibes. Wer bin ich, dass die Mutter meines Herrn zu mir kommt? Denn siehe, in dem Augenblick, als ich deinen Gruß hörte, hüpfte das Kind vor

Freude in meinem Leib. Und selig, die geglaubt hat, dass sich erfüllt, was der Herr ihr sagen ließ.

    Da sagte Maria:
Meine Seele preist die Größe des Herrn
und mein Geist jubelt über Gott, meinen Retter.
Denn auf die Niedrigkeit seiner Magd hat er geschaut.
Siehe, von nun an preisen mich selig alle Geschlechter.
Denn der Mächtige hat Großes an mir getan
und sein Name ist heilig.
Er erbarmt sich von Geschlecht zu Geschlecht
über alle, die ihn fürchten.
Er vollbringt mit seinem Arm machtvolle Taten:
Er zerstreut, die im Herzen voll Hochmut sind;
er stürzt die Mächtigen vom Thron
und erhöht die Niedrigen.
Die Hungernden beschenkt er mit seinen Gaben
und lässt die Reichen leer ausgehen.
Er nimmt sich seines Knechtes Israel an
und denkt an sein Erbarmen,
das er unsern Vätern verheißen hat,
Abraham und seinen Nachkommen auf ewig.

Und Maria blieb etwa drei Monate bei ihr; dann kehrte sie nach Hause zurück" (Lukas 1,39-56).

* * *

Mutig aufbrechen

Maria macht sich auf den Weg – eine Metapher für unsere „inneren Wege", ja für den Lebensweg insgesamt.

> Wenn du dein Leben für Gott öffnest,
> darfst du keine feste Bleibe mehr haben wollen.
> Immer wieder heißt es aufzubrechen.

Menschliche Existenz ist ein dynamischer Prozess, von Anfang an: ein Weg nach draußen, hinaus in die Welt, vom Ich zum Du, in den Raum der Zuneigung und Beziehung.

„Eilends" bricht Maria auf. Die junge Frau vertut keine Zeit; mutig und entschlossen folgt sie dem Abenteuer ihrer Berufung, lässt sich ein auf das, was sie erwartet. Nicht eigene Bedürfnisse, nicht Ängste leiten sie, sondern ein „Projekt", der Plan, der über ihrem Leben liegt. Sie richtet sich nicht ihre eigene kleine Welt ein, um ihre „Grundbedürfnisse" zu stillen, sondern zeigt, dass es dahinter ein noch grundlegenderes Verlangen gibt: Zum menschlichen Leben gehört die Dimension des Mysteriums; wir Menschen leben eben nicht nur von Brot, nicht nur von materiellen Dingen, sondern auch von den Worten eines „Engels": Das Geheimnis unseres Lebens übersteigt uns, wir sind „für mehr" gemacht.

Wenn wir Maria auf ihrem Glaubensweg, auf ihrem Weg mit ihrem Sohn begleiten, so stellen wir fest: Vieles passiert *unterwegs*, auf den Straßen, in verschiedenen Häusern Palästinas ... Vor allem da „spielt" die Geschichte Jesu: weniger im Tempel und in den Synagogen als auf den Straßen und in den Dörfern, am Fluss und am See, auf Bergen und in der Wüste.

> „Profane" Häuser, „profane" Räume
> sind der Ort, wo das Heil geschieht.
> Das alltägliche Leben ist der Teig,
> in den der Sauerteig der Frohen Botschaft
> eingearbeitet wird.

Eine Spiritualität des Weges

Wie sehr liebe ich die Freiheit Marias! Sie ist frei, sich ganz schnell auf den Weg zu machen, ohne sich durch irgendetwas bremsen oder konditionieren zu lassen; spontan lässt sie sich auf etwas ein, das kurz zuvor noch gar nicht in ihrem Denkhorizont war.

Die Freiheit ist etwas Faszinierendes: frei sein wie ein Vogel in der Luft; eine wilde Blume, eine Lilie auf dem Feld, deren Samen der Wind forttträgt, die sich einfach von der Sonne bescheinen lässt und Wasser aufnimmt, wenn Regen fällt ... – wie faszinierend ist dieses immer neu aufkeimende Leben, das Wege nimmt, die nicht auszurechnen sind! Im Grunde ist alles Leben so: Es ist kein Projekt, bei dem es allein auf die präzise Ausführung bestimmter Anweisungen ankäme, es folgt keinem festen Drehbuch mit vorab definiertem Ausgang.

Leben ist ein immer neues
Suchen und Finden von Wegen.
Leben lebt von dieser kreativen Freiheit –
und vom achtsamen Hegen neuer Knospen.

Wie sehr liebe ich das Leben Marias, das eben nicht den üblichen festen Bahnen folgte. Ihr Leben ist voller Überraschungen. *Magnifikat* – ein Loblied auf die Freiheit und die Fantasie Gottes! Wie gut tut es, das Leben nicht als geschlossenes, sondern als ein offenes System zu denken. Wie wohltuend ist es, ein *solches* Bild vom Leben, vom Glauben, von der Kirche, ja von Gott selbst zu haben, sie zu denken wie offene Felder ...

Maria, auf dem Weg über die Hügel und Berge, kann uns zum Symbol fürs Unterwegssein werden ...

Ihre Spiritualität ist frei von narzisstischer Selbstbeschauung; sie hält sich nicht bei dem auf, was sie fühlt, sondern will wahrnehmen, was um sie herum geschieht, und lässt sich vom Gotteswort leiten; sie will nicht unbeteiligt daneben stehen bei dem geheimnisvollen Ereignis, von dem der Engel gesprochen hat, sondern wird aktiv und macht sich auf.

> Ein Leben aus dem Gottesgeist
> findet seine Nahrung
> nicht in einer Nabelschau,
> nicht in „autoreferenziellen Seelenanalysen",
> sondern im unermüdlichen Unterwegssein:
> in der je neuen Zuwendung zu dem,
> was unserem Leben
> Tiefe, Bewusstheit und Fülle gibt,
> in der Bereitschaft, uns auseinanderzusetzen –
> und in Begegnungen:
> In unseren Beziehungen entdecken wir
> Facetten des göttlichen Antlitzes,
> gerade da offenbart es sich.

Maria, diese junge Frau ohne nennenswerte Erfahrung, macht sich auf den Weg zu ihrer älteren Verwandten, die viel Lebenserfahrung hat, die voller Erwartung ist, die sich auskennt in der Heiligen Schrift. Elisabet wird sich als Prophetin Gottes erweisen, wird ihr helfen zu verstehen, was in ihr geschieht. Elisabet wird Maria mit ihrer Erfahrung, ihrer Zuneigung zu Hilfe kommen, indem sie die beiden Schwangerschaften – beide „ein Ding der Unmöglichkeit" – in den Blick nimmt: Es ist so etwas wie eine doppelte *lectio divina*, eine Betrachtung des Wunderbaren, das Gott in ihr und in Maria wirkt.

„Maria blieb etwa drei Monate bei ihr" (Lukas 1,56). So lange, wie die Bundeslade des Volkes Israel auf dem Weg nach Jerusalem im Haus des Obed-Edom blieb: „Darum wollte David die Lade des Herrn nicht zu sich in die Davidstadt bringen lassen, sondern stellte sie in das Haus des Obed-Edom aus Gat. *Drei Monate* lang blieb die Lade des Herrn im Haus Obed-Edoms aus Gat, und der Herr segnete Obed-Edom und sein ganzes Haus" (2 Samuel 6,10f).

Drei Monate, eine symbolische Zahl. Um das Wort, das Wort Gottes zu verstehen, braucht es Muße. Wir müssen dem göttlichen Mysterium Zeit und Aufmerksamkeit schenken; dann wird es zu einer Freude für uns. So ist es mit allen kostbaren Dingen. „Die Zeit, die du für deine Rose verloren hast, sie macht deine Rose so wichtig", schreibt Antoine de Saint-Exupéry in seinem Werk *Der kleine Prinz*. Wie eine einzigartige Rose, so ist das Wort Gottes.

Mit dem Wort in uns unterwegs zu den Menschen

Auf ihrem Weg zu Elisabet trägt Maria ihr Kind in ihrem Schoß: das „Fleisch" des Logos, des göttlichen Wortes. Sie geht und bringt das Wort. Origenes sieht in diesem „gottesschwangeren" Unterwegssein auf den Straßen der Welt *das* Bild für einen jeden Glaubenden: *portare Verbum* – das göttliche Wort, den Logos, in sich tragen und zu den Menschen bringen (*In Exodum 10,3*). Das ist die Sendung jedes Getauften: den zu tragen, der dich trägt, mit „dem Wort" unterwegs zu sein zu allen.

Die Mutter mit dem Kind in ihrem Schoß: Ist es eine? Oder sind es zwei? Beides: zwei unterschiedliche und zugleich nicht zu trennende Leben. Einheit und Unterscheidung. „Ich will eins sein mit dir", lautet die ebenso nüchtern-kurze wie suggestive Formel, mit der die armenischen Mönche sich ganz Gott schenken. In seinem tiefsten Kern besteht das Leben der Christen darin: eins sein mit ihm.

Am Anfang ist die Beziehung: Das gilt von Gott, von der innergöttlichen „Geschichte" des dreifaltigen Gottes, wie von der menschlichen Geschichte. Mann und Frau, die beiden, „werden ein Fleisch" (Genesis 2,24).

Der ganze Reichtum des göttlichen Mysteriums ist „Christus in euch" (vgl. Kolosser 1,27), er in mir, in dir: ein Geheimnis von blendend-schöner Einfachheit. In diesem Zusammenhang sei an die deutlichen Worte des hl. Augustinus erinnert: „Dies ist das verborgene Gift in eurer irrigen Meinung: dass ihr die Gnade Christi in seinem Vorbild seht und nicht im Geschenk seiner Person" (*Contro Iulianum. Opus imperfectum*). Christus hat uns nicht nur ein Vorbild gegeben, sondern er will sich uns schenken, will eins sein mit uns: er in mir, er in dir.

Im Raum lebendiger Beziehungen

Als sich Maria und Elisabet begegnen, verstehen sie einander ohne Worte. Vielleicht, weil die Liebe „erkennt": Lieben heißt wissen. Es ist ein unmittelbares Einvernehmen, ein spontaner innerer Gleichklang.

Was ist geschehen? Wie konnte das sein, dass sie einander verstehen, noch bevor sie sich erzählt haben, was ihnen widerfahren ist?

In die Seele blicken lassen sich Menschen nur, wenn du sie mit reinen Augen anschaust, mit einem offenen Blick, der frei ist von Konkurrenzdenken und Haben-Wollen, der gereinigt ist vom Staub des Stolzes, der Ausdruck reifer Zärtlichkeit ist.

So muss es zwischen Maria und Elisabet gewesen sein. Jener Geist, der auf je eigene Weise bewirkt hat, dass sie schwanger sind, schafft nun die Verbindung *zwischen* ihnen: Der Geist der Fruchtbarkeit ist zugleich der Geist der Kommunikation. Das lange Schweigen (Elisabet hatte sich fünf Monate bedeckt gehalten) explodiert geradezu in einem doppelten Lob- und Danklied.

Gott kommt uns vor allem im Haus unseres Inneren entgegen, jenem verborgenen Ort, wo wir ganz wir selber sind, ohne Maske, nicht Persönlichkeit, sondern Person, allein, ganz ausgerichtet auf ihn, den Einen: *solus ad Solum*.

Doch sogleich erwartet er uns draußen – in der Beziehung zu anderen, in echten, starken Beziehungen, die von Zuneigung und Wohlwollen getragen sind. Gott ist zugegen in den Gesprächen, den Dialogen, in den Begegnungen, in der gegenseitigen Aufmerksamkeit. Du spürst, dass er da ist in der unverdienten Liebe, die dir geschenkt wird und die dein Leben erhellt, in den Zeichen derer, die dich gern haben, die merken, was du brauchst, und die dir zuhören.

Maria, die sich eilends aufmacht zum Haus der Elisabet und des Zacharias, obwohl sie noch gar nicht richtig fassen kann, was ihr geschieht, ist für uns ein Anstoß, nicht einspurig zu leben: Die Beziehung zu Gott ist wichtig, die zu den Menschen auch! Das Leben ist wie ein vielstimmiges Konzert; es hat viele Aspekte, die wir nicht vernachlässigen sollen. Gerade die von Zuneigung und Wohlwollen getragenen Beziehungen sind wertzuschätzen und zu pflegen, denn sie machen das Leben schön und gut.

Das Magnifikat, dieses beispielhafte Gebet, ist nicht die Frucht des Rückzugs in die Einsamkeit. Vielmehr entspringt es einem von Zuneigung geprägten Beziehungsraum. Gott kommt, sein Kommen aber ist vermittelt durch Menschen, durch Begegnungen, durch Gespräche.

> Vielleicht gibt es hier auf Erden
> keine Erfahrung des Ewigen,
> die nicht auf irgendeine Weise verbunden wäre
> mit zwischenmenschlichen Beziehungen.
> Jede menschliche Existenz zeigt nachdrücklich:
> Am wichtigsten unter der Sonne
> sind die Beziehungen.

„Gesegnet unter den Frauen"

Das erste Gespräch unter Menschen, das Lukas in seinem Evangelium erwähnt, ist der Dialog zwischen Maria und Elisabet. Und das erste Wort in diesem ersten Gespräch ist ein Segenswort: „Gesegnet bist du unter den Frauen ..." Es ist ein Segen, der sich über Maria hinaus auf alle „Töchter Evas" ausweitet, auf alle Frauen und Mädchen, auf alle Mütter dieser Erde. Pater Giovanni Vannucci, ein großer Mystiker, drückte es so aus: „Allen ‚Fragmenten' Marias in aller Welt, allen Frauen gelte der Gruß der Elisabet: Gesegnet bist du, Frau, du hast Gnade gefunden; der Geist des Herrn sei mit dir, damit die Frucht deines Leibes gesegnet sei und zum Segen werde für die Menschen, damit du Frieden stiftest in dieser Welt, damit du die verfeindeten Schwestern und Brüder versöhnst, Kain entwaffnest, Abel neu zum Leben erweckst, die ganze Welt zurückführst zum Vater in der Liebe des Sohnes und in der Gnade des Heiligen Geistes."

„Gesegnet bist du"; denn Gott schenkt seinen Segen, indem er Leben schenkt. Die Mütter sind darum die zuerst Gesegneten. Im Evangelium sind die Mütter gewissermaßen die ersten Propheten. Wenn eine Geburt Freude bedeutet, dann können wir sagen, dass der Gott der Freude zu uns kommt ...

Das erste Wort im ersten Gespräch sollten wir wie einen Schatz hüten: „Gesegnet bist du ..."

Lernen auch wir zu segnen,
bene-dicere, wörtlich: gut zu reden,
Gutes zuzusagen.
Suchen wir nach möglichst guten Worten.

Aber es ist noch mehr als ein Sagen, es geht um eine von Gott erbetene Lebenskraft. Um jene Kraft, die der Schöpfer von allem Anfang den Menschen zuteil werden lässt: „Gott segnete sie und Gott sprach zu ihnen: Seid fruchtbar und mehrt euch" (Genesis 1,28). Der göttliche Segen bringt Leben und Wachstum hervor, er schenkt Lebensenergie, und er begleitet Adam auch außerhalb des Gartens Eden, er wirkt weiter durch alle Zeiten, bis zu uns.

Den anderen „segnen", das ist der erste Schritt, um dem anderen in seinem Geheimnis, um seinem Herzen zu begegnen. „Gesegnet bist du!" – und für mich bist du ein göttlicher Segen, ein Geschenk des Himmels. Sagen wir es den Menschen, mit denen wir leben, dem Ehepartner, den Kindern, der Mutter, dem Vater, den Freunden:

Ein Segen bist du!
Wie gut, dass du da bist,
dass du mit mir gehst und zu mir stehst.

Segnen lernen, das macht einen auch selber froh. Danken wir Gott für seinen Segen, preisen wir ihn für das Leben. Und auch für die, die uns das Leben geschenkt hat; preisen wir ihn für diejenigen, die uns Liebe schenken, preisen wir ihn für all seine guten Gaben, für die Sonne und das Wasser, für das Feuer und fürs Brot. Ein Heiliger wie Franz von Assisi hat es vorgemacht.

Ein neuer Dekalog

Marias erstes Wort im Haus des Zacharias und der Elisabet ist ein Wort des Lobes. Gott gebührt vor allem unser Lobpreis, den Schwestern und Brüdern der Segen.

Die ersten „christlichen Gebete", das heißt jene, die wir am Anfang der Evangelien (bei Matthäus und Lukas) finden, stehen alle in einer Verbindung mit Maria: das *Magnifikat*, das *Ave Maria* (der erste Teil: der Gruß des Engels), das *Benedictus*, das *Gloria* der Engel in Betlehem, *der Lobgesang des Simeon.*

Maria verehren, das heißt von ihr das Lob und den Segen zu lernen, das Herz vor Gott freizumachen, alles ins Gebet einzubringen: das Leben, die Armen und die Hungernden, damit das Gebet zu einem Ort wird, wo die Geschicke der Menschheit Platz haben. Beten lernen wie Maria, das ist echte Marienverehrung: Nicht so sehr *zu ihr* beten, sondern *wie sie* beten.

Woraus erwächst das Gebet der Maria, dieser machtvolle Lobpreis? Er bricht aus Maria hervor, als ihr aufgeht, wie Gott ist und wirkt: ein verliebter Gott, der wunderbare Taten vollbringt. Zehn Mal sagt sie: *Er* …! *Er* hat geschaut; *er* hat getan; *er* erbarmt sich; *er* vollbringt machtvolle Taten; *er* zerstreut; *er* stürzt vom Thron; *er* erhöht; *er* beschenkt; *er* schickt mit leeren Händen weg; *er* nimmt sich an … Marias Glaube – ein großer, ja der größtmögliche Glaube –, erweist sich darin, dass nicht im Zentrum steht, was sie für Gott tut, sondern was Gott für sie tut.

Nicht unsere mehr oder weniger guten Taten
sind im christlichen Glauben entscheidend,
sondern das Handeln Gottes.
Das Heil kommt nicht dadurch, dass ich Gott liebe,
sondern dadurch, dass Gott mich liebt.

Das Herzstück des Christentums ist gewissermaßen ein neuer Dekalog. Da ist nicht vom Handeln des Menschen die Rede, nicht von dem, was der Mensch tut bzw. zu tun hat, sondern es wird aufgelistet, was ein leidenschaftlich liebender Gott tut, dem seit jeher jeder Mensch wichtiger ist als er sich selbst.[1]

Das hat dann auch Konsequenzen für die Ethik: Gottes Handeln wird zum Vorbild für das Agieren der Menschen. Die Wörter, mit denen in der Bibel Gott beschrieben wird, werden zu einer Art Imperativ für uns; daran, wie Gott ist, soll unser Tun Maß nehmen. Gerhard von Rad (1901–1971), der bedeutende Alttestamentler, drückte es so aus: In der Heiligen Schrift ist Gott nicht anthropomorph, vielmehr ist der Mensch theomorph. Der Mensch wächst, je mehr sein Verhalten seinem Wesen als Bild und Gleichnis Gottes entspricht.

LEICHTIGKEIT

Die Bibel, so meinen viele spontan, müsste überwiegend voller glaubensstarker, gewichtiger Persönlichkeiten sein. Bei Maria beeindruckt etwas anderes: weniger ihre Sicherheit als ihre Fähigkeit, staunen zu

---

[1] Natürlich ist diese Ausrichtung auf *Gottes* Wirken kein Gegensatz zu den Zehn Geboten, wie sie im Alten Testament überliefert sind (vgl. Exodus 20,2-17; Deuteronomium 5,6-21); auch dort geht bekanntlich voraus, was Gott, der Herr, für sein Volk getan hat: „Ich bin JHWH, dein Gott, der dich aus Ägypten geführt hat, aus dem Sklavenhaus" (Anm. des Übersetzers).

können. Nicht Schwere und Festigkeit, sondern Offenheit, ja geradezu etwas Leichtes verbindet sich mit ihrer Person. Sie wundert sich, sie staunt und fragt unbedarft nach, wie jemand, der mit offenem Mund vor etwas steht, womit er nie und nimmer gerechnet hätte.

Und worüber staunt Maria? Darüber, dass sie, so „klein", wie sie ist, mit ihrem Leben den Herrn groß machen kann: „Magnificat anima mea dominum", das heißt meine Seele macht Gott, den Herrn, groß; indem er in mir und meinem Leben Raum findet, erweist er die wunderbare Größe seiner Liebe vor den Augen der Menschen ...

Maria spürt, dass ihr Leben aus lauter Gaben gewoben ist, aus all dem, was der Herr ihr geschenkt hat: „Großes" hat der Mächtige an ihr getan! Dankbares Staunen spricht aus ihren Worten.

Das Mysterium des Glaubens liegt im Empfangen, genauer: im Sich-verwandeln-Lassen, im Sich-umgestalten- und Sich-durchdringen-Lassen von dem, was einem geschenkt wird, Tag für Tag. Indem Maria Christus „empfängt", hat sie alles empfangen. Darum ist ihre Dankbarkeit grenzenlos.

Maria staunt, weil sie die Realität, die ganze Geschichte in ein neues Licht getaucht sieht; es hat sich etwas verändert. Eine neue Note kommt ins Leben, ein neuer Zauber. Was ganz unten, was am Boden war, bleibt nicht am Boden. Gott richtet die Schwachen auf und erniedrigt die Stolzen, er sättigt die Hungernden und schickt die Reichen mit leeren Händen weg, allezeit und auf immer handelt er barmherzig.

Wer glaubt, ist eigentlich in der gleichen Situation wie Maria. Aber vielleicht sind wir heutzutage vielfach mehr oder weniger blind geworden: Wir sehen nicht mehr, dass in unserem Leben wie in einem Knotenpunkt tausend Fäden zusammenlaufen, die wir nicht selbst gesponnen haben. Dabei ist unser ganzes Leben Geschenk! Nicht nur die Frohe Botschaft, nicht nur die Gabe des Heiligen Geistes, sondern alles, auch der heutige Tag, auch ein Tag voll Sonnenschein, auch ein Abend, den wir mit Freunden verbringen, ein liebevolles Wort, das jemand uns sagt, die erste Blüte nach dem Winter ...

Marias Leben ist einzigartig, faszinierend, wunderbar. Aber auch unser Leben ist etwas Wunderbares. Und wie wunderbar ist es, glauben zu dürfen, dass Gott auch in uns geheimnisvoll da ist und wirkt; wie wunderbar ist es, staunen zu können über alles, was uns geschenkt ist: Dieser Glaube, dieses Staunen-Können, das ist eine Kraft, die trägt.

DIE FREUDIG GLAUBENDE

Die Freude, die in Marias Magnifikat so offenkundig wird, ist keine Frage des Temperaments, sondern Frucht einer spirituellen Erfahrung. Maria steht für einen frohen, dankbar-staunenden Glauben.

Meiner Generation haben es vor allem prophetische Gestalten angetan; auch die brauchen wir: authentische Menschen voller Feuer und mit einer überzeugenden Botschaft für ihre Zeit. Könnte man etwas Besseres über einen Prediger sagen, als dass er „ein Prophet unserer Zeit" ist? Auch heute, in einer geschichtlichen Epoche mit allerlei realen und drohenden Tragödien brauchen wir solche prophetische Gestalten!

Es hat aber zugleich seinen guten Sinn zu fragen, ob wir nicht auch andere Menschen brauchen: Menschen wie Maria, die voller Freude glaubt. Womöglich sind sie für die Kirche Jesu Christi, für das Evangelium mindestens so wichtig wie ein Täufer Johannes, der von Feuer spricht und von der Axt, die an die Wurzel gelegt sei …

Das Lächeln der jungen Frau aus Nazaret ist womöglich für den Glauben bedeutsamer als Visionen, Prophetien und die donnernde Stimme derer, die im Lauf der Geschichte immer neue Erwartungen geweckt haben.

Ja, vielleicht ist es der Herr selbst, der uns daran erinnert, dass aller Ernst, alle angestrengten Bemühungen und alles dringliche Agieren wenig Wert haben, wenn die Freude fehlt. Marias Freude zeigt, was Glauben im Kern ist: Öffnung für einen Gott, der in die Menschen verliebt ist, einer, auf den wir bauen können. Wenn wir Christen oft so ernst und schwerfällig, ja manchmal geradezu verbissen daherkommen, erinnert uns Maria daran, dass der Glaube etwas Frohes ist – oder es ist gar kein wirklicher Glaube. Was wir „Glauben" nennen, das ist allzu oft geprägt von Furcht vor dem Mysterium, etwas Trübes, etwas Angstbesetztes, wie wenn ein Schatten darüberläge. Das Heitere, Gelöste geht ihm ab, die Leichtigkeit und Freude, die die junge Frau aus Nazaret über die Hügel Judäas eilen und das Magnifikat anstimmen lässt.

Glauben heißt,
„Gott groß machen",
sich öffnen für diesen Gott,
der in die Menschen verliebt ist,
der zu uns kommt,
der befreit aus Angst und Verbissenheit.

Von Zweifeln und Träumen

Kommen wir zur Erzählung von der Geburt Jesu, wie der Evangelist Matthäus sie schildert:

„Mit der Geburt Jesu Christi war es so: Maria, seine Mutter, war mit Josef verlobt; noch bevor sie zusammengekommen waren, zeigte sich, dass sie ein Kind erwartete – durch das Wirken des Heiligen Geistes.

Josef, ihr Mann, der gerecht war und sie nicht bloßstellen wollte, beschloss, sich in aller Stille von ihr zu trennen. Während er noch darüber nachdachte, siehe, da erschien ihm ein Engel des Herrn im Traum und sagte:

Josef, Sohn Davids, fürchte dich nicht, Maria als deine Frau zu dir zu nehmen; denn das Kind, das sie erwartet, ist vom Heiligen Geist. Sie wird einen Sohn gebären; ihm sollst du den Namen Jesus geben; denn er wird sein Volk von seinen Sünden erlösen. Dies alles ist geschehen, damit sich erfülle, was der Herr durch den Propheten gesagt hat:

> Siehe: Die Jungfrau wird empfangen
> und einen Sohn gebären
> und sie werden ihm den Namen Immanuel geben,
> das heißt übersetzt:
> Gott mit uns.

Als Josef erwachte, tat er, was der Engel des Herrn ihm befohlen hatte, und nahm seine Frau zu sich. Er erkannte sie aber nicht, bis sie ihren Sohn gebar. Und er gab ihm den Namen Jesus" (Matthäus 1,18-25).

* * *

Josef verkörpert, was Simone Weil einmal so ausdrückte:

> „Das Leben des Glaubenden ist nur zu begreifen,
> wenn darin etwas Unbegreifliches liegt ..." –
> ein Mehr, ein Traum, ein Engel,
> unverdiente Liebe, Leben von anderswoher,
> Gott.

So war es bei Maria, bei der sich – wie es bei Matthäus heißt – „zeigte, dass sie ein Kind erwartete": eine totale Überraschung für ein Geschöpf, festzustellen, dass das Undenkbare eingetreten ist – sie, einfache Kreatur, empfängt in ihrem Schoß den eigenen Schöpfer.

Josef ist ein Verliebter, der liebt. Er beschließt, sich ohne Aufhebens von seiner Verlobten zu trennen – aus Respekt, nicht etwa aus Misstrauen. Er will sie nicht öffentlich bloßstellen (Matthäus 1,19); doch sein Entschluss lässt ihm keine Ruhe, er denkt weiter an Maria, träumt nachts von ihr (1,20f). Und schließlich nimmt er sie zu sich: Sie ist ihm wichtiger, als dass das Kind, das sie erwartet, von ihm ist und ihm Nachkommen sichert. Die Liebe steht für ihn über der leiblichen Nachkommenschaft. In dieser Geschichte zeigt sich die menschliche Größe dieses Josef, und hier verbirgt sich auch das Geheimnis der „Jungfräulichkeit" dieses Paares aus Nazaret: Es ist möglich zu lieben, ohne zu besitzen.

TRÄUMEN UND HANDELN

Josef ist der Mann der Träume. Der Zimmermann ist auch ein Träumer; einer mit Schwielen an seinen kräftigen Händen und einem feinfühligen Herzen, das lieben und träumen kann. Wir Menschen handeln auf der Grundlage dessen, was wir in uns tragen; in den Träumen bricht es sich manchmal Bahn. Josef, dieser „Gerechte", träumt die Träume Gottes. In menschlichen Träumen kann das Wort Gottes ans Licht kommen; in der Stille, im Schweigen können Engel zu uns sprechen.

Josef ist der Mann des Glaubens. Er will zunächst das Weite suchen und vor dem Mysterium weichen, doch er „hört" – und handelt entsprechend. Er ist ein Mann der Tat. Er gibt dem einen Namen, der der NAME ist, dem heiligen Gott. Er beherzigt das Wort, das Gott von jeher als Erstes zum Menschen sagt: „Fürchte dich nicht!" Das erste Wort Adams hingegen war ein Eingeständnis seiner Furcht: „Ich habe dich im Garten kommen hören; da geriet ich in Furcht" (Genesis 3,8). Gott aber sagt uns: „Fürchte dich nicht!" Die Furcht, die Angst, die Ursache jeder Flucht, ist das Gegenteil des Glaubens, sie steht auch der Ehe und der Elternschaft entgegen. Josef hat Angst, aber er schenkt ihr nicht weiter Gehör, als „der Engel des Herrn" ihm Mut macht. Er wird für Jesus zum echten Vater, auch wenn er ihn nicht gezeugt hat. Man sagt, ein Kind zu zeugen, „Vater zu werden", sei nicht schwer; Vater sein hingegen sehr. Einem Kind Vater, Mutter sein, es lieben, ihm helfen zu wachsen, glücklich zu werden, als Mensch zu reifen und

Von Zweifeln und Träumen

Verantwortung zu übernehmen, das ist eine enorme Aufgabe, ein wahres Abenteuer. Eltern wird man in wenigen Augenblicken, doch wirklich Vater und Mutter werden, das braucht lange Jahre intensiven Lebens.

Josef ist die Figur des Menschen überhaupt: zu groß, um sich selbst zu genügen; einer, der sich unendlich übersteigt (Blaise Pascal). Josef ist offen für das Geheimnis, doch er zeigt auch die andere Seite: die typisch menschlichen Widerstände gegenüber dem, was größer ist als wir, obwohl wir paradoxerweise genau für dieses „Mehr" geschaffen sind.

Josef hat den Primat der Liebe ernst genommen. Er weiß: Die Liebe steht über allem. Deshalb hat er Maria zu sich genommen und das Geschenk, das sie in sich trägt, angenommen. Er hat sich in seinem Herzen anrühren lassen von dem, was Gott ihm im Traum zu verstehen gegeben hat. Er hat sich eingelassen auf Gottes eigenen Traum und ist nicht vor großen Dingen zurückgeschreckt. Nicht seiner Furcht hat er Gehör geschenkt, sondern dem Wort Gottes.

Josef, einer, der träumt – und handelt.
Wenn einer allein träumt, bleibt es eine Illusion.
Wenn jemand mit Gott die Träume Gottes träumt,
beginnt eine neue Wirklichkeit.

LIEBEN, OHNE ZU BESITZEN

Nach den Zweifeln und Träumen, nach Engelsworten und einer harten Prüfung „nahm [Josef] seine Frau zu sich". Auf seine Weise gibt auch er dem fremden, aus jedem gewohnten Rahmen fallenden Kind in seinem Herzen Raum.

Maria verlässt das elterliche Haus und zieht bei ihm ein. Ihr gemeinsamer Weg beginnt.

Die Prüfung, die Josef durchlebt, legt sein Herz offen. Prüfungen haben in der Bibel eine ganz bestimmte Stoßrichtung, wie in folgender Stelle deutlich wird: „Du sollst an den ganzen Weg denken, den der Herr, dein Gott, dich während dieser vierzig Jahre in der Wüste geführt hat, um dich gefügig zu machen und dich zu prüfen. Er wollte erkennen, wie du dich entscheiden würdest ..." (Deuteronomium 8,2). Gott will wissen, was unser Herz bewegt. In der Prüfung, wenn es hart auf hart kommt, fallen die Masken, schwinden die Illusionen; das Wesentliche kommt zum Vorschein. In der Prüfung zeigt sich der Glaube eines Menschen – und die Liebe, die ihn trägt und leitet.

Wir Menschen sind unentwegt auf der Suche nach Liebe (und meistens ist uns gar nicht bewusst, dass – frei nach U. Galimberti – der Himmel mit im Spiel ist, wo die Liebe hinfällt). Überall, wo es um die Liebe geht, zeigt sich wie nirgends sonst die Seele eines Menschen. Zumal wenn die Liebe „geprüft" wird. Da fällt alles andere ab und wird irrelevant; die Prüfung entblößt. So geht es Josef. Und er spürt ganz klar: Ja, er liebt diese Frau. Er liebt sie, ohne sie wie einen Besitz für sich haben zu wollen.

Das ist „Jungfräulichkeit":
Lieben, ohne zu besitzen.

Jede Mutter muss ihrem Kind gegenüber einen solchen Weg beschreiten: vom „Besitzen" zum Beschützen. Es ist der Weg aller Liebe: vom Haben oder Haben-Wollen hin zum beschützenden Dasein-für.

In „Lieben" klingt auch etwas von „Sterben" mit – und das Wort „Leben". Denn Lieben bedeutet Geben, nicht Nehmen, es bedeutet „als Erste lieben", ohne alle Berechnung, auch wenn es Eigenes kostet.

Lieben kann auch heißen, sich still zu entfernen (Josef hatte wie gesagt ernsthaft daran gedacht), und zwar dann, wenn die eigene Anwesenheit dem anderen und seiner Bestimmung oder Berufung im Weg steht, sie womöglich ruinieren könnte. Oder wenn sie den anderen emotional und psychisch völlig aus der Bahn werfen könnte.

Die Liebe befähigt dazu, dem Geben, nicht dem Nehmen den Vorzug zu geben. Dahinter steht womöglich die unausgesprochene Ahnung, dass Liebe selbst immer „ein Geschenk von oben" ist. Gott trägt Sorge dafür, dass das Herz des Menschen nicht allein sei: „Es ist nicht gut, dass der Mensch allein ist" (Genesis 2,18).

Ihr „Zuhause" hat Maria in ihrem Ja zu Gott gefunden. Jetzt macht sie sich auf und findet ihr Zuhause bei dem Mann, dem sie schon zuvor ihr Ja versprochen hat. Sie liebt ihn mit einem Herzen aus Fleisch, in zärtlich-keuscher Liebe. Maria ist die Frau des „Ja". Sie ist in Josef verliebt und hat sich bereits an ihn gebunden, als der Engel ihr begegnet. „Auch Maria", so schreibt Angelo Casati, „hat die große existenzielle Erfahrung gemacht, was es heißt, verliebt zu sein: Staunen und Tränen, Erschrecken und Zweifel, zärtliche Gefühle und Bangen; es ist eine wunderbare Verrücktheit, alle Emotionen und Hoffnungen des Universums fließen da zusammen. Auch Maria hat die Freude gekostet, die mit jeder Begegnung, mit jedem Geschenk verbunden ist. Sie weiß, wie das ist, wenn das Herz höher schlägt und wenn ein Wort oder ein Blick des geliebten Menschen wie ein kostbarer Schatz sind, den man im Herzen bewahrt."

Vielleicht müssen wir Maria um Verzeihung bitten, dass wir ihrem Menschsein Unrecht getan haben. Vielleicht haben wir Christen aus Sorge, wir könnten sie

Von Zweifeln und Träumen

„mit Irdischem beflecken", gemeint, sie könne einzig und allein Gott lieben. Doch die Liebe zu Gott schließt die menschliche Liebe nicht aus. Wir dürfen in Maria auch eine Lehrmeisterin der warmherzigen, zärtlichen Liebe zu den Menschen sehen. Und eine Frau, die das Glück kennt, „guter Hoffnung zu sein".

Fast nie wird von Maria als Ehefrau gesprochen (warum eigentlich nicht? Fürchtet man etwa, ihre Jungfräulichkeit infrage zu stellen?). Dabei dürfte sie den größten Teil ihres Lebens an der Seite eines Mannes gelebt haben, beschäftigt mit den Arbeiten im Haushalt, beseelt vom Wunsch, mit zuvorkommender Aufmerksamkeit für ihren Gatten da zu sein, für diesen Mann mit Schwielen an den Händen und Träumen im Herzen, einen Gerechten, der seine Berufung darin gefunden hat zu lieben, ohne zu besitzen.

Wir dürfen annehmen, dass sie sein Herz höher schlagen ließ; dass sie für ein warmes Zuhause gesorgt hat; dass zwischen den beiden eine innige Beziehung bestand; dass sie einander angeschaut, dass sie Blicke und Worte voller Liebe gewechselt haben – ein Austausch, der Gold wert ist. Man muss zuerst ein Paar sein und das Leben miteinander teilen, dann kann man auch Eltern sein, gemeinsam für das Kind da sein. Denn „der Geist ist nicht länger im Ich, sondern zwischen dem Ich und dem Du" (Martin Buber).

Eine Verkündigung an das Paar

Nach dem Lukasevangelium ergeht die Verkündigung an Maria, nach dem Matthäusevangelium an Josef. In der Überblendung sind die beiden, ein Paar, die Adressaten. Es ist ein Ruf an den Bräutigam und an die Braut, an beide zusammen.

Gott spricht zu beiden, zu dem „Gerechten" und zu der „Jungfrau", zwei Verliebten, die einander Liebe und Treue versprochen haben. Gott wirkt das Außerordentliche im „Zwischenraum" eines Paares; die beiden werden zu Protagonisten der Liebe und eines neuen Lebens.

Gott ist am Werk in den Familien, in unseren Wohnungen und Häusern, in den Gesprächen wie in den Dramen und Krisen, in den Zweifeln und in den neuen Anfängen. Gott ist überall da zugegen, wo jene Oasen der Wahrheit und der Liebe entstehen, die das Herz vor der Verwüstung bewahren und die wie eine Bestätigung sind, dass sein Reich im Kommen ist.

Gott nimmt der Familie nichts weg, er bringt das Paar nicht auseinander, er wünscht sich und sucht dieses doppelte „Ja". Gerade da wächst Kreativität, wo zwei Herzen, viele Träume und noch mehr Arbeit und Einsatz zusammenkommen.

Die Gemeinschaft ist eine kreative Kraft: Ein Paar ist weit mehr als die Summe zweier einsamer Wesen. Es ist Bild und Gleichnis Gottes, des Schöpfers. So heißt es im ersten Buch der Bibel:

> „Gott erschuf den Menschen als sein Bild,
> als Bild Gottes erschuf er ihn.
> Männlich und weiblich erschuf er sie.
> Gott segnete sie und Gott sprach zu ihnen:
> Seid fruchtbar und mehrt euch" (Genesis 1,27f).

Die beiden sind das Bild Gottes; das Paar mit seiner Liebe und seiner Fähigkeit, sich zu schenken, das Paar, dem die Weitergabe des Lebens anvertraut ist und ohne dessen Mut der Schöpfer keine „Kinder" hätte. Diese beiden, Mann und Frau, sind die Adressaten des ersten göttlichen Segens, und sie sind ihrerseits ein Segen. Ja, sie sind – so können wir aus christlicher Perspektive sagen – das Bild des dreifaltigen Gottes, eines Gottes, dessen Mysterium eine unentwegte Bewegung der Liebe ist, der *in sich* Austausch ist, Gegenseitigkeit, Geschenk, Gemeinschaft, Leben schenkendes Leben: Dreifaltigkeit.

Ein Labyrinth von Fragen

Die Zeit zwischen dem Lobpreis des Magnifikat in dem Haus im Bergland und der Geburt des Kindes in Betlehem ist in Schweigen gehüllt. Für die junge Frau ist es die Zeit der Erwartung und des Nachdenkens. Kein Wort ist uns aus diesen Monaten überliefert, und „das Wort" ist noch still in ihrem Schoß. Aber es ist ein beredtes Schweigen: wortlose Liebe. „Lieben ist Warten" (Simone Weil). Marias „Wartezeit" ist voller Fragen. „Was wird wohl aus diesem Kind werden?" (Lukas 1,66).

Die großen mittelalterlichen Baumeister haben in die Kathedralen vielsagende Zeichen und Symbole für die Zeit der Schwangerschaft eingefügt. Das berühmte Labyrinth in der Kathedrale von Chartres (13. Jh.) besteht aus 270 Steinplatten, die den Tagen der Schwangerschaft entsprechen. Eine Schwangerschaft ist ein geheimnisvoller Weg, der zum Licht führt – für das Kind ist er ganz auf den Moment gerichtet, in dem es „das Licht der Welt erblickt". Ein Labyrinth wie das von Chartres steht für die Neugeburt zum wahren Licht, das uns Menschen am Ende eines Weges voller Windungen und Irrungen erwartet.

Die menschliche Existenz ist wie ein dunkler Schoß, ein Gewirr von Wünschen, Bedürfnissen und Ängsten, ein oft dunkler Weg, der in ein anderes Leben, ein neues Licht mündet, in die Entdeckung, dass wir für mehr geschaffen sind.

Das will auch die Architektur der Kathedrale von Chartres symbolisieren, die sich am Lauf der Sonne orientiert. Geburt und Neugeburt, Mutterschoß und Labyrinth führen durch enge Wege – als Durchgang zum Licht!

>Wir dürfen guter Hoffnung sein:
>Die Fragen werden Antwort finden;
>ein Weg ist vorgezeichnet:
>ein Weg zum Licht.

Um es in Anlehnung an ein Bild Jesu zu sagen: Der ausgesäte Same *wird* Frucht bringen, er reift im dunklen Erdreich, *um aufzugehen*. Der Frühling kommt.

Maria, die junge Frau, die ihr Kind erwartet, rückt allgemein menschliche Themen in den Blick. Sie steht vor uns als unser aller Schwester, nicht nur als eine Schwester im Glauben.

In ihrem Schoß das Kind: *in-fans* heißt es im Lateinischen, ein Kind, das noch *nicht spricht*, aber fühlbar, spürbar, sichtbar wächst und das Gesicht seiner Mutter zum Leuchten bringt. Dieses kleine menschliche Wesen aus Fleisch und Blut, dieser Christus, der später gekreuzigt werden wird, ist der Dreh- und Angelpunkt der Geschichte, „das Heil der Welt". Im Augenblick ist er Marias ganzes Glück. Sie erwartet ihn in aller bangen Ungewissheit über das, was kommt, voll Freude.

„Warten"
ist eine Grundform
des Verbs „lieben".

Seit Weihnachten haben wir allen Grund, *„guter Hoffnung"* zu warten.

Die „verrückte" Botschaft von Betlehem

Auch der Evangelist Lukas erzählt von der Geburt Jesu; er setzt dabei eigene Akzente:

„Es geschah aber in jenen Tagen, dass Kaiser Augustus den Befehl erließ, den ganzen Erdkreis in Steuerlisten einzutragen ... So zog auch Josef von der Stadt Nazaret in Galiläa hinauf nach Judäa in die Stadt Davids, die Betlehem heißt; denn er war aus dem Haus und Geschlecht Davids. Er wollte sich eintragen lassen mit Maria, seiner Verlobten, die ein Kind erwartete. Es geschah, als sie dort waren, da erfüllten sich die Tage, dass sie gebären sollte, und sie gebar ihren Sohn, den Erstgeborenen. Sie wickelte ihn in Windeln und legte ihn in eine Krippe, weil in der Herberge kein Platz für sie war.

In dieser Gegend lagerten Hirten auf freiem Feld und hielten Nachtwache bei ihrer Herde. Da trat ein Engel des Herrn zu ihnen und die Herrlichkeit des Herrn umstrahlte sie und sie fürchteten sich sehr. Der Engel sagte zu ihnen: Fürchtet euch nicht, denn siehe, ich verkünde euch eine große Freude, die dem ganzen Volk zuteilwerden soll: Heute ist euch in der Stadt Davids der Retter geboren; er ist der Christus, der Herr. Und das soll euch als Zeichen dienen: Ihr werdet ein Kind finden, das, in Windeln gewickelt, in einer Krippe liegt. Und plötzlich war bei dem Engel ein großes himmlisches Heer, das Gott lobte und sprach:

> Ehre sei Gott in der Höhe
> und Friede auf Erden
> den Menschen seines Wohlgefallens.

Und es geschah, als die Engel von ihnen in den Himmel zurückgekehrt waren, sagten die Hirten zueinander: Lasst uns nach Betlehem gehen, um das Ereignis zu sehen, das uns der Herr kundgetan hat! So eilten sie hin und fanden Maria und Josef und das Kind, das in der Krippe lag. Als sie es sahen, erzählten sie von dem Wort, das ihnen über dieses Kind gesagt worden war. Und alle, die es hörten, staunten über das, was ihnen von den Hirten erzählt wurde. Maria aber bewahrte alle diese Worte und erwog sie in ihrem Herzen. Die Hirten

Die „verrückte" Botschaft von Betlehem

kehrten zurück, rühmten Gott und priesen ihn für alles, was sie gehört und gesehen hatten, so wie es ihnen gesagt worden war" (Lukas 2,1.4-20).

* * *

Gerade einmal sieben Verse halten die Erinnerung an die Geburt Jesu fest. In der extremen Nüchternheit dieser wenigen Sätze spiegelt sich die Entscheidung Gottes für das Kleine und Unscheinbare wider: Er wird Mensch, er wird Kind. Und zwar fern der Paläste und Zentren der Macht. In der Stille. Unter den Armen. Wie jedes Menschenkind, das bei seiner Geburt ganz und gar abhängig ist, angewiesen auf andere.

Der Gott, der am Anfang – so das wunderbare biblische Bild – den Adam aus dem Staub der Erde gebildet hat, wird selber Staub der Erde.

Der Töpfer wird zum Ton.

Ein zerbrechliches schönes Gefäß: ein Nachfahre Adams, einer von uns, wie wir.

Wenn mir nach Weinen zumute ist,
so weiß ich: Auch dieses Kind hat Tränen vergossen.
Wenn ich sterben muss, so weiß ich:
Auch diesem Kind blieb der Tod nicht erspart.

An Weihnachten steht das WORT vor uns als Kind, das nicht sprechen kann. Um es noch einmal zu sagen: Der Ewige – ein Neugeborenes. *Ein neugeborenes Kind kann niemandem Angst machen.* Es kann nur leben, wenn jemand liebevoll für es sorgt. Jesus wird nur leben, weil er geliebt ist.

Gott kommt –
ganz und gar angewiesen auf Liebe,
ein um Liebe Bettelnder.

Ein Gott aus Fleisch und Blut, dies ist das größte aller Wunder. Etwas Revolutionäres, undenkbar, der Wendepunkt der Geschichte, der die Jahre in ein Vorher und ein Nachher teilt.

Das große Rad der Geschichte hatte sich immer nur in eine Richtung gedreht: von unten nach oben, vom Kleinen zum Großen, vom Schwachen zum Starken. Alles strebte hinauf, zu Größe und Stärke. Als Jesus geboren wird, als eine Frau den Sohn Gottes zur Welt bringt, steht die Welt für einen Augenblick still, und die Richtung ändert sich.

Der Starke macht sich zum Diener des Schwachen,
der Ewige steigt ein in die Geschichte der Menschen,
der Unendliche ist zu finden
in einem winzigen Fragment.

Die „verrückte" Botschaft von Betlehem

Weihnachten ist aus einer bestimmten Warte das Ende der unentwegten Suche Gottes nach dem Menschen: Jetzt ist er einer von uns Menschen. Für uns beginnt damit etwas gänzlich Neues, ein großes Abenteuer: ihm, dem menschgewordenen Gottessohn, dem „fleischgewordenen Wort", gleichgestaltet zu werden, selber mit Fleisch und Blut „eine Silbe dieses Wortes" zu werden, vom Himmel durchdrungen. In diesem Sinne ist das große alte Wort zu verstehen: Gott wurde Mensch, damit wir Menschen Gott werden.

> „Und wäre Christus tausendmal
> in Betlehem geboren
> und nicht in dir:
> Du bliebest doch in Ewigkeit verloren."
> (Angelus Silesius)

Die Geburt Jesu ist die „Ekstase" der Geschichte, die Zeitenwende, der Dreh- und Angelpunkt der Jahrhunderte wie eines jeden Tages. Auch heute. Auch für mich.

Die Eintragung in Steuerlisten oder: Für Gott ist niemand eine Nummer

Die Schilderung des Lukas enthält unspektakuläre Details und öffnet zugleich den weiten Horizont der Weltgeschichte. Als historischen Hintergrund nennt der Evangelist die Eintragung in Steuerlisten. In Betlehem wird Jesus geboren, weil der imperiale Apparat die Bürger des Römischen Reiches erfassen wollte; die Registrierung sollte in der jeweiligen Heimatstadt stattfinden. Es ging wohl darum, die Tributforderungen auf den aktuellen Stand zu bringen. So liegt über Jesu Geburt das Bestreben einer mächtigen und nicht zimperlichen Macht, wie alle anderen auch die Familie aus Nazaret zu erfassen – zu dem Zweck, die Staatskasse zu füllen, wie wir heute sagen würden.

In einen Kontext hinein,
in dem Menschen Gefahr laufen,
zu einer bloßen Nummer zu werden,
wo nicht die Würde des Einzelnen,
sondern nur Zahlen zählen,
wird dieses Kind geboren –
und seine Geburt wird zum Wendepunkt:

Gott setzt auf den Menschen.

Die „verrückte" Botschaft von Betlehem

Es drängt Gott, zu agieren und Licht ins Dunkel zu bringen.

Während in Rom die Geschicke der Welt entschieden werden und das Römische Reich den Frieden mit den Schwertern seiner Legionen sichert und der Machtapparat wie geschmiert läuft, wird also dieses Kind geboren – als Sand im Getriebe der gewohnten Abläufe. Es kann der Geschichte eine neue Richtung geben: Fortan ist Betlehem insgeheim die Hauptstadt der Welt. Es wirkt wie ein göttliches Spiel und ist doch ein geheimnisvoller, bewusster Entschluss: Gott will Geschichte machen mit denen, die keine Geschichte haben, er wählt das Schwache und rüttelt an dem, was in der Welt als stark gilt.

WINDELN UND EIN FUTTERTROG

Maria wickelte ihren Sohn „in Windeln und legte ihn in eine Krippe". Ein Notbehelf, zweite Wahl: ein Futtertrog für Tiere!? Sie hätte sich etwas anderes gewünscht! Aber auch so ist der kleine „Menschensohn" umgeben von der Liebe und Zärtlichkeit seiner Mutter. Die Windeln, in die er gewickelt wird, erinnern bereits an das Leinentuch, in das der vom Kreuz abgenommene Leichnam Jesu gehüllt und mit dem er ins

Grab gelegt wird (vgl. Lukas 23,53): Von der Wiege bis zum Grab hat er sich mit uns und unserem Los solidarisiert.

Die Windeln sind auch ein Zeichen der liebevollen Sorge Marias und Josefs, die Jesus das Größte schenken, was es auf Erden gibt: die mütterliche und väterliche Liebe ...

> Gott, der menschgewordene Gott,
> lebt von der menschlichen Liebe:
> An uns liegt es,
> für diesen Gott Sorge zu tragen.

Im ersten Teil des Vaterunser lehrt uns Jesus, uns „die Sache Gottes" zu eigen zu machen, indem wir bitten: *Geheiligt werde dein Name, dein Reich komme, dein Wille geschehe ...* Wir bitten ihn – und werden selber darauf ausgerichtet, für ihn und seine Anliegen Sorge zu tragen.

Mit der Krippe, die Maria in ihrer Not als Wiege nimmt, verbindet sich ein weiterer Aspekt. In der Krippe ist normalerweise Futter für die Tiere. Tiere, Nahrung, getrocknete Pflanzen, Heu, von Menschenhand hineingelegt, das ist ein Verweis auf alles Geschaffene. In jener Nacht wird die Krippe zum stillen Zeichen des Bundes Gottes mit allem, was unter der Sonne lebt.

Die „verrückte" Botschaft von Betlehem

So überlagern sich in der Krippe in eigentümlicher Weise der Aspekt der Abweisung und der einer tiefen Verbundenheit und Gemeinschaft: Sie erinnert an die Verweigerung einer Herberge und lässt an Gottes Bund mit dem Kosmos denken.

An den Rand gedrängt und abgewiesen zu werden, das wird ein konstanter Zug in Jesu Leben sein. Er ist einer, der keinen Platz hat, wo er sein Haupt hinlegen könnte, während selbst die Füchse ihre Höhlen und die Vögel des Himmels ihre Nester haben (vgl. Lukas 9,58), und sogar sein Grab war eine Art Leihgabe (vgl. Matthäus 27,60). Er ist der Gast, der allezeit vor der Tür steht und anklopft (vgl. Offenbarung 3,20) – in der Hoffnung, dass ihm doch jemand öffnet. Auch bei uns klopft er an. Und er bittet auch uns um jenes größte Zeichen der Liebe, das seine Mutter ihm gewährt hat: ihm „Zutritt" zu gewähren und Raum zu geben in unserem Leben, sein Leben einzulassen in unser Leben.

Windeln und ein Futtertrog stehen für die Vorliebe Gottes für das Alltägliche und Unscheinbare, zugleich aber sind sie ein Vorgriff auf das Ganze der Frohen Botschaft: Hier deutet sich schon vieles an, was später geschah. Zahlreiche Ikonen des Ostens haben dies veranschaulicht, wenn sie der Krippe die Form eines Sargs bzw. Grabes geben und das Kind in Tücher gehüllt zeigen – wie einen Leichnam im Grab. Und das Holz der Krippe lässt ans Holz des Kreuzes denken: Das Weihnachtsmysterium öffnet den Blick schon auf Ostern hin. Das Kind, das da in der Krippe liegt, ist Christus, der ganze Christus.

Betlehem, „Haus des Brotes"

In Betlehem, das heißt wörtlich „Haus des Brotes", wird der als Kind geboren, der eines Tages sagen wird: „Ich bin das lebendige Brot" (Johannes 6,51). Der menschgewordene Gott will unsere Nahrung sein, sich „essen", sich verzehren lassen, damit wir leben.

Brot schmeckt wunderbar nach Leben.
Aber nur, weil Korn gemahlen wurde.
Weil es im Feuer gebacken wurde.
Weil es gegessen wird – und sich selbst auflöst.
Es nährt uns und vergeht dabei.
So weit geht die Liebe Gottes:
Zum Brot, zur Nahrung wird er für uns –
und es kostet ihn das Leben.
So weit geht die Inkarnation.

Die „verrückte" Botschaft von Betlehem

Die Liebe hat Gott nicht geschützt, sondern ausgesetzt. Liebe liefert sich aus, Liebe entwaffnet, Liebe ist gefährlich. Gott ist das Risiko eingegangen, abgelehnt zu werden.

Doch seinerseits kann er den Menschen nicht abweisen. Dies ist die unbändige Kraft von Weihnachten.

Das Wort ist Brot geworden ...

Ich betrachte das Kind von Betlehem, das die Brust der Mutter sucht, und denke unwillkürlich: *Das Wort ist Hunger geworden.*

Nicht die Engel sorgen für ihn, sondern ein junges Mädchen ohne Erfahrung ist in ihrer Großzügigkeit für ihn da: *Das Wort ist Bedürftigkeit geworden.*

Ich stelle mir vor, wie das Kind in die Arme genommen wird, wie Jesus später seinerseits die Kleinen und die Armen umarmt hat, und denke bei mir: *Das Wort ist Zärtlichkeit geworden.*

Ich sehe das weinende Kind vor mir und die Tränen, die Jesus später am Grab seines Freundes Lazarus vergossen hat, und denke: *Das Wort ist Tränen geworden.*

Mir kommt die Heilung des Blinden in den Sinn, und ich denke: *Das Wort ist Staub, eine helfende Hand und Speichel geworden – und Licht für blinde Augen.*

Ich denke ans Kreuz: *Das Wort ist „zum Lamm geworden, das zum Schlachten geführt wird". Zum*

Schmerzensschrei. Mit mir, dem manchmal nach Schreien und Weinen zumute ist, schreit und weint auch er. Er ist da als einer, der das alles kennt. Selbst das Sterben und den Tod.

Er, in dem das All und die Weiten des Universums geschaffen wurden, macht sich zu einem winzigen Wesen und beginnt bei Null: in Betlehem, in einem Futtertrog.

Der Gott, der Licht und Finsternis schied, das Himmelsgewölbe und die Erde, lässt sich ans Kreuz schlagen.

Das ist eine so verrückt entwaffnete Liebe, das sprengt so sehr alles Vorstellungsvermögen, das übersteigt so sehr alle Logik, dass etwas dran sein *muss*.

Das Kind in der Krippe – Gott, der Mensch wird, der uns anschaut mit den Augen des Kindes, Gott, der Hunger hat, der seine Hände der Mutter entgegenstreckt – und mir.

Wenn das die beiden Höhepunkte der Geschichte Jesu sind: die Krippe am Anfang und das Kreuz am Ende, dann ist das so „ver-rückt", dass kein Mensch es sich ausdenken könnte. Ein solcher Glaube *kann* nur von jemandem herkommen, der zu einer solcher Liebe fähig ist. In Betlehem haben der schöne Schein und die Täuschung keinen Raum; eine Krippe und ein Kreuz sind wie eine Gewähr für die Echtheit der Botschaft.

Ein Engel für den, der in der Nacht wacht

In Betlehem erklingt ein himmlischer Gesang, der die Hirten umfängt: „Friede auf Erden den von Gott geliebten Menschen!"

Und die Hirten nehmen den Weg, den der Engel ihnen gewiesen hat.

Es ist bemerkenswert, ja einfach schön, dass Lukas diesen (und nur diesen!) „Besuch von oben" erwähnt: Zu einer Gruppe von Hirten, die nach ihren Tieren, nach Schafwolle und Milch riechen, kommt der „himmlische Chor". Vielsagend, ja einfach schön ist das für alle Armen dieser Erde, für die Letzten, die Namenlosen, die Vergessenen. Eine wahrhaft frohe Botschaft: Die Geschichte ändert ihren Lauf. Abermals zeigt sich: Gott setzt auf die, die in der Geschichte keine Rolle spielen. Ganz unten tritt er in die Geschichte ein, ganz hinten, bei den Letzten in der Reihe.

Die Hirten machten einen verachteten „Job", unrein war er noch dazu. Sie besuchten nicht die Synagoge, weil sie auch am heiligen Sabbat bei ihren Schafen und Lämmern waren. Und Gott wählt ausgerechnet sie. Wieder wählt er den Weg der Peripherie und geht an die Ränder.

In dieser Nacht steht das Rad der Geschichte für einen Augenblick still. Es ist ein neuer Anfang, wie bei der Schöpfung. Ein neuer Anfang, weil sich – wir können es nicht oft genug sagen – die Richtung ändert: von oben nach unten, von Gott zum Menschen, vom Großen zum Kleinen, vom Himmel zur Erde, von der Stadt zu einer Grotte, zu einem Stall, vom heiligen Tempel zum Feld der Hirten. Die Geschichte beginnt neu: bei den Letzten.

Weihnachten ist der Schlüssel zu einer Welt, die es immer noch nicht gibt und nach der wir uns doch so sehr sehnen. Weihnachten ist „Gericht" über eine Welt der Ungerechtigkeit, ein „So-nicht!". Weihnachten ist der Ausblick auf eine andere Welt, eine Welt, in der andere Maßstäbe gelten.

> An Weihnachten feiern wir
> nicht eine Erinnerung,
> sondern eine Prophetie, eine Verheißung.
> Weihnachten ist kein sentimentales Fest,
> sondern die Umkehrung der Geschichte.

„Gott in der Niedrigkeit" lautet das leidenschaftlich-revolutionäre Wort der Weihnacht. Gott liebt das Kleine, das vermeintlich Unbedeutende: Das ist die Sprengkraft dieses Festes. Da wird das Augenmerk weggelenkt von dem, was groß ist und berühmt, weg vom Sakralen – und hin zu einem kleinen Menschenkind in einem entlegenen Winkel dieser Erde …

Die „verrückte" Botschaft von Betlehem

Weihnachten lenkt den Blick
auf dieses Kind –
und damit auf den Menschen,
der nichts anderes hat,
dessen er sich rühmen könnte,
als dies:
dass er Mensch ist.
Mensch.
Und Punkt.

Zeit zu staunen

Maria aber bewahrte alle diese Worte und erwog sie in ihrem Herzen." – Maria kann uns zeigen, was Staunen ist. Sie kann uns helfen, die Fähigkeit zu staunen wiederzufinden und dem Leben seinen Glanz und Zauber wiederzugeben. Schon ein Gregor von Nyssa wusste, dass das bloß rationale Denken nicht so weit kommt wie das Staunen, das allein etwas wirklich erfasse.

Lieben beinhaltet auch diese Fähigkeit, unentwegt und immer neu staunen zu können. Wer liebt, der ergeht sich nicht in Schmeicheleien (das wäre nicht ehrlich), sondern dessen Herz (und Mund) ist voll von

Wertschätzung und Verwunderung, voll von freudigem Staunen (Luigi Pozzoli).

„Maria ... bewahrte alle diese Worte und erwog sie in ihrem Herzen." – *Bewahren*, das ist das Verb, mit dem die Vergangenheit „gerettet" wird. *Erwägen*, das ist das Verb, das die Gegenwart „rettet". Maria „bewahrte" alles, damit nichts verloren gehe; und sie „erwog" es, um in den einzelnen Fragmenten, in den verschiedenen Elementen des Geschehen den roten Faden zu finden und die bleibende Bedeutung zu erfassen. Dies aber ist ein lebenslanger Weg, der nie abgeschlossen ist.

Auch nicht für uns: Auch unser Leben, das Leben einer/eines jeden ist etwas Einzigartiges, etwas Bedeutsames – und in allem Fragmentarischen ein geheimnisvolles Ganzes, das wir erst nach und nach erahnen.

Maria fand erst nach Ostern, nach dem Tod und der Auferstehung Jesu, zu einem tieferen, reiferen Verständnis des Geheimnisses, an dem sie teilhat. Auch ihr Glaube kennt ein Wachsen, und das ist weder etwas bloß Passives, noch ist es „billig zu haben", sondern es ist mit Mühe verbunden und verlangt das immer neue „Erwägen" der wenigen Worte und des langen Schweigens Gottes.

Wenn Maria „voll der Gnade" genannt wird, so heißt das nicht, dass sie alles, was geschah, und jedes

Wort hätte begreifen können. Vielmehr ist das große Geschenk gemeint, das Gott ihr gemacht hat, und dazu gehört auch die Offenheit für ihn und sein Wort, die Energie, es zu bedenken und ihm ganz zu vertrauen.

„Gnade" ist es – für Maria wie für jeden Gläubigen – über das Wort staunen zu können, davon ergriffen zu sein wie die beiden Emmausjünger, deren Herz „brannte", als der (zunächst nicht erkannte) auferstandene Jesus zu ihnen sprach und das Brot brach (vgl. Lukas 24,13-35). „Gnade" ist es, zu „bewahren", was einem widerfahren ist, es dem Vergessen zu entreißen und zu bedenken, um den tieferen Sinn zu erfassen.

Es ist ja keineswegs leicht zu verstehen, was es mit der Geburt dieses Jesus auf sich hat. Wie passt das zusammen: die göttliche Herrlichkeit und dieses winzige Kind, der Engelsgesang und der Stall, die himmlische Liturgie und der demütig-einfache „Gottesdienst" der Hirten ...? Es heißt zusammenzuhalten, was nicht zusammenzupassen scheint, ohne eines aufzugeben: Eines Tages wird es sich klären ... In der Begegnung von Göttlichem und Irdischem, von Gott und Mensch berühren wir den Kernpunkt des Christentums. Das Antlitz unseres Nächsten und das Antlitz Gottes zusammenbringen ... – „Was ihr für einen meiner geringsten Brüder getan habt, das habt ihr mir getan" (Matthäus 25,40).

Maria bewahrte die Geschehnisse und die Worte (Griechisch *rhemata,* das Gesagte) in ihrem Herzen. Gott offenbart sich in Ereignissen und in Worten; beides ist untrennbar miteinander verbunden; sie bedürfen einander und erhellen sich gegenseitig: Die Worte erklären die Geschehnisse, die Geschehnisse sind die Umsetzung der Worte und geben ihnen eine Deutung – Exegese des Wortes und Exegese des Lebens, untrennbar miteinander verwoben.

„IM HERZEN"

Zwei Mal erwähnt Lukas, dass Maria etwas „bewahrte [und erwog], und in beiden Stellen heißt es weiter: „... in ihrem Herzen" (2,19 und 2,51). – Die Geschichte eines Kindes ist zuerst im Herzen der Mutter eingeschrieben.

In der Bibel ist 913 Mal vom Herzen die Rede. „Herz" ist sehr viel mehr als ein bloßes Symbol für die Gefühle und die Affektivität des Menschen. Das „Herz" ist der „Ort", wo der Mensch seine Einheit findet, Ort der Ent- und Unterscheidung, des tiefen Verstehens und der Wahrheitsliebe, Ausgangspunkt des Handelns. „Im

Herzen" spricht Gott einen Menschen an und lockt ihn, zieht ihn zu sich. Charles Péguy spricht vom „Tempel des Schweigens": In der Stille des Herzens offenbart sich Gott, da wird er für den Menschen „fühlbar", „spürbar", wie Blaise Pascal schreibt. Von Olivier Clément stammt das schöne Wort, dass unser ganzes Leben eine Pilgerschaft, ein Weg zum Ort des Herzens sei.

Maria, wie sie uns in der Weihnachtsgeschichte begegnet, ist eine Frau, die *im Herzen bewahrt*: Damit nichts verloren geht, hält sie die „Lampe der Erinnerung" am Brennen, die ein Licht auf dem Weg des Glaubens ist, wenn dieser schwierig wird.

Mit großer Achtsamkeit bewahrt sie; denn allzu leicht verschwimmen Worte und Erlebnisse mit der Zeit, lösen sich auf im Meer des Vergessens. Doch dazu ist das Erlebte und Gehörte zu kostbar: Es braucht diese treue Achtsamkeit.

Und Maria *meditiert*: Sie bewegt die Worte im Herzen und reflektiert darüber vor dem Hintergrund der Ereignisse, um mehr zu verstehen. Sie bemüht sich um eine Exegese, eine Deutung des Lebens und der Botschaft, damit sie ihre tiefe Bedeutung preisgeben.

Maria erweist sich darin als eine weise Frau mit einem großen Reichtum an lebendigen Erinnerungen, eine, die den Dingen auf den Grund geht. Auch dem großen Schweigen Gottes. Um dies zu vernehmen, bedarf es einer großen Stille, eines tiefen Schweigens.

DAMIT ICH GEBOREN WERDE

„Wenn mich einer fragte", so der große mittelalterliche Mystiker Meister Eckhart: „Warum ist Gott Mensch geworden …?, dann würde ich antworten: damit Gott in der Seele geboren werde und die Seele in Gott" (Predigt 38, DW II). Zu diesem Zwecke sei die ganze Bibel geschrieben worden, und dazu habe Gott die Welt erschaffen: damit Gott in der Seele und die Seele in Gott geboren werde.

„Mein" Weihnachten ist jetzt. Christus will in mir geboren werde, damit ich „geboren werde". Jesu Geburt ruft nach meiner Geburt: Ich soll neu und anders zur Welt kommen, ich soll aus dem Gottesgeist neu geboren werden, so klein und frei, dass ich nicht mehr imstande bin, andere anzugreifen und zu hassen, zu drohen und zu verletzen. So einfach und demütig, dass ich „mit dem Herzen" denke.

Die „verrückte" Botschaft von Betlehem

Mein Gott, Gott-Kind,
arm wie die Liebe,
klein wie ein kleines Menschenkind,
einfach und bescheiden, auf Stroh gebettet,
mein kleiner Gott,
der du lernst, unser Leben zu leben,
der du Zuwendung brauchst und Schutz ...,
mein Gott, der du dich nicht verteidigen kannst,
der du keinem drohst
und niemandem wehtun kannst,
mein Gott, der du nur leben kannst,
wenn du geliebt wirst,
der du nur lieben kannst
und um Liebe bitten –
lass mich begreifen,
dass es für uns, für mich
nur eine Bestimmung gibt:
zu werden wie du.
Mensch mit Haut und Haar und „himmelsvoll":
eine Silbe Gottes.
Lehre mich, zu werden wie du,
der du alle Bitterkeit
jedes deiner Geschöpfe,
die krank sind vor Einsamkeit,
auffängst und für immer auflöst
in deinen Armen.

Töpfer und Ton

Gott fängt in Betlehem neu an. Die Ewigkeit verdichtet sich in der Zeit, das Ganze im Fragment. Wir sagten es bereits: Auch die Wirklichkeit Gottes schmeckt jetzt nach Brot. Gott ist einer, der sich nicht aufnötigt, sondern selber bedürftig ist. Der Schöpfer formt nicht von außen kommend den Menschen aus dem Staub der Erde (wie es in der Schöpfungsgeschichte bildlich heißt), sondern er wird seinerseits „geformter Erdenstaub" im Kind von Betlehem. Ein Mensch, *der* Mensch, mit allen zuinnerst verbunden.

Es lohnt sich, diesen Gedanken nochmals aufzugreifen. Beim Propheten Jeremia heißt es: „So ging ich zum Haus des Töpfers hinab und siehe, er arbeitete gerade mit der Töpferscheibe. Missriet das Gefäß, das er aus Ton machte, in der Hand des Töpfers, so machte der Töpfer daraus wieder ein anderes Gefäß, ganz wie es ihm gefiel" (Jeremia 18,3f). Dieses Bild aufgreifend, könnten wir sagen, dass der Töpfer in Jesus nicht nur ein wunderschönes (und zerbrechliches!) Gefäß geworden ist, sondern dass er „Ton" geworden ist, Erdenstaub. Er hat sich identifiziert mit jenem „Stoff", aus dem der Mensch gemacht ist; er, der Logos, das göttliche Wort, ist „Fleisch" geworden (*ho Lógos sarx*) – nicht zu steigernde Nähe: Der Logos, das göttliche Wort, hat sich

Die „verrückte" Botschaft von Betlehem

jedem Menschen verbunden; in jedem Menschen findet sich „etwas von Gott", ein wenig von ihm, dem Heiligen. In jedem menschlichen Leben gibt es Licht, ja: göttliches Licht. Weihnachten gibt uns die feste Gewissheit, dass Gott da ist, hinabgestiegen ist in unsere menschliche Existenz und Geschichte. Diese Geschichte enthält eine „heilige Seite". Niemand könnte mehr sagen: Hier endet der Mensch, hier beginnt Gott. Denn Schöpfer und Geschöpf haben sich „umarmt". Das Endliche und das Unendliche sind in uns – in einer wunderbaren Verbindung, dank der unausdenklichen göttlichen Pläne, dank Gottes verwandelnder Kraft.

Die Inkarnation, die Fleischwerdung des Logos, geht in gewisser Weise weiter: Gott tritt immer noch ein in die Materie des Lebens, in unser „Fleisch": auch in meine ganz konkrete Existenz, in meine Handlungen und meine Blicke, damit sie voller Güte und Tiefe sind.

Er tritt ein und nimmt Wohnung in meinen Worten, damit sie erleuchtet sind.

Er tritt ein und nimmt Wohnung in meinen Händen, damit sie sich öffnen und Brot schenken und Frieden bringen, damit sie Tränen abwischen und Unrecht beseitigen.

„Demut", dieses alte und eigentlich so schöne Wort, ist das revolutionäre Wort der Weihnacht. Eine Demut, die den Töpfer bewogen hat, zu Ton zu werden, eine schlichte Tonschale, ein irdenes Gefäß. Doch daraus strahlt ein Licht, das allen leuchtet und auf alles Licht wirft. Paulus, der sonst eher nüchtern ist, schreibt im 2. Timotheusbrief (1,10): Mit seinem Kommen in unsere Welt hat Christus „uns das Licht des unvergänglichen Lebens gebracht". Er hat unserem Leben Glanz verliehen, er macht unsere Zukunft hell und lässt neu entbrennen, was erloschen war.

Wir dürfen aufleben,
und unser Herz hat allen Grund zu singen;
denn *er* ist da,
uns „innerlicher" als das Blut in unseren Adern.
Seine Worte, neue Worte voller Kraft,
sind in unserer Welt.

Über einen Stern gestolpert

Dass in der Geburt Jesu eine Botschaft für alle, zumal für die Suchenden, steckt, das zeigt sich in der Erzählung von den Sterndeutern:

„Als Jesus zur Zeit des Königs Herodes in Betlehem in Judäa geboren worden war, siehe, da kamen Sterndeuter aus dem Osten nach Jerusalem … Und siehe, der Stern, den sie hatten aufgehen sehen, zog vor ihnen her bis zu dem Ort, wo das Kind war; dort blieb er stehen. Als sie den Stern sahen, wurden sie von sehr großer Freude erfüllt.

Sie gingen in das Haus und sahen das Kind und Maria, seine Mutter; da fielen sie nieder und huldigten ihm. Dann holten sie ihre Schätze hervor und brachten ihm Gold, Weihrauch und Myrrhe als Gaben dar. Weil ihnen aber im Traum geboten wurde, nicht zu Herodes zurückzukehren, zogen sie auf einem anderen Weg heim in ihr Land.

Als die Sterndeuter wieder gegangen waren, siehe, da erschien dem Josef im Traum ein Engel des Herrn und sagte: Steh auf, nimm das Kind und seine Mutter und flieh nach Ägypten; dort bleibe, bis ich dir etwas anderes auftrage; denn Herodes wird das Kind suchen, um es zu töten. Da stand Josef auf und floh in der Nacht mit dem Kind und dessen Mutter nach Ägypten. Dort blieb er bis zum Tod des Herodes. Denn es sollte sich erfüllen, was der Herr durch den Propheten gesagt hat: Aus Ägypten habe ich meinen Sohn gerufen" (Matthäus 2,1.9-15).

* * *

An Weihnachten ist es Gott, der den Menschen sucht. Am Fest Epiphanie, „Erscheinung des Herrn" oder, wie es meistens heißt, am „Dreikönigsfest", ist es der Mensch, der Gott sucht: Es ist das Fest all derer, die auf der Suche sind nach ihm, das Fest auch der sogenannten (!) „Fernstehenden". Mit den Magiern oder Sterndeutern ist der Mensch aller Zeiten unterwegs: als Suchender, der in den Himmel blickt und Ausschau hält nach einem Stern, der Orientierung gibt.

Die Sterndeuter aus dem Morgenland symbolisieren die aus dem Garten Eden vertriebene Menschheitsfamilie, die sich trotz allem insgeheim eine nie befriedigte Sehnsucht nach dem Paradies bewahrt hat. Irgendwie brauchen wir Menschen wohl „den Blick nach oben"; wir können uns nicht zufriedengeben mit einer statischen Existenz, sondern suchen die Ekstase: Wir möchten herauskommen aus unserer kleinen Welt und greifen nach den Sternen, zumindest wollen wir heraus aus den Hinterhöfen des Alltags und sehnen uns nach der weiten Welt ...

David Maria Turoldo, der italienische Dichter, schreibt, die Sterndeuter seien mehr als alle anderen *„unsere* Heiligen" – weil ihr Weg unsicher und voller Irr- und Umwege ist: Sie landen in der falschen Stadt. Sie verlieren den Stern aus dem Blick. Sie reden über das gesuchte Kind mit einem, der zum Kindermord bereit ist. Und doch bleiben sie unterwegs, mit einer grenzenlosen Geduld, bereit, immer wieder aufzubrechen und neu zu beginnen: kein kleiner Trost für uns, die wir auch immer wieder neu anfangen müssen.

Keine Niederlage, keine Enttäuschung bringt sie davon ab, die Reise mutig fortzusetzen. Sie geben nicht auf, sondern „richten den Blick unentwegt in die Tiefen des Alls, bis ihre Augen, die Augen des Herzens, brennen" (David Maria Turoldo). Ja, die Sterndeuter sind geeignet, *„unsere* Heiligen" zu sein: Menschen mit beiden Füßen auf der Erde, den Blick in den Himmel gerichtet. Beides kennzeichnet die Gottsucher, diese etwas merkwürdig schielenden Wesen, die mit einem Auge nach oben, mit dem anderen unten blicken … Die doppelte Ausrichtung freilich hat ihren guten Sinn. Mit einem afrikanischen Wort gesagt: „Du musst den Karren an einen Stern binden, wenn du lange gerade Furchen ziehen willst."

In ebendiesem Sinne könnten wir die Bitte des Herodes, von ihrer bösen Intention befreit, umdeuten: „Geht und forscht sorgfältig nach dem Kind, und wenn ihr es gefunden habt, berichtet mir …" (Matthäus 2,8). Wenn ihr das Kind, euer Ziel gefunden habt … – *Hast du, haben Sie das Kind gefunden?*, diese Frage möchte ich jedem stellen, dem Freund, dem Theologen, der Ordensfrau in Klausur, dem Schriftsteller und der Schriftstellerin, dem Wissenschaftler und der Wissenschaftlerin, dem Hausmann und der Hausfrau, dem Menschen auf der Straße, dem Kind und dem alten Menschen, dem Psychologen …

Hast du das Kind,
hast du dein Ziel, hast du den „Stern" gefunden?

Und ich kann nur jede(n) bitten: Forsche sorgfältig – in Büchern und in der Kunst, in der Geschichte, in den Gesichtern der Menschen, im Herzen der Dinge ...! Suche auf dem Grund der Hoffnung, forsche sorgfältig in den Tiefen des Alls und in denen der Seele, und wenn du „gefunden hast", dann lass mich wissen, wie du gefunden hast! „Sage es mir, damit auch ich komme ...", sagte Herodes. „Geht und forscht sorgfältig nach dem Kind; und wenn ihr es gefunden habt, berichtet mir, damit auch ich hingehe und ihm huldige!" (Matthäus 2,8).

Sagen wir es uns, wenn wir „gefunden" haben. Sagen Sie es mir, damit auch ich mit meinen kleinen Gaben und erhobenen Hauptes, so, wie es der Liebe eigen ist, komme „und ihm huldige".

Die Menschheit Christi lieben

Betlehem, das „Haus des Brotes", ist ein stiller Ort: Nach dem Eintreffen der Sterndeuter fällt in der Erzählung kein Wort. Nur Blicke werden ausgetauscht.

Maria schaut und sagt nichts, sie bewahrt alles in ihrem Herzen. Die Sterndeuter sehen das Kind mit der Mutter und huldigen ihm, im Lateinischen steht das

Verb *adorare*, das bedeutet wörtlich so viel wie „die Hand zum Mund führen", schweigen und betrachten.

„Da fielen sie nieder und huldigten ihm." Welch geheimnisvolle Lektion! Sie huldigen keinem König, auch nicht einem Gekreuzigten, der noch am Kreuz vergibt, nicht einem Auferstandenen, auch keinem Wundertäter. Sondern einfach einem Kind. Und sie fallen vor ihm nieder, machen sich klein vor diesem ganz Kleinen. Vor einem Neugeborenen, wie es ungezählte Male in ungezählten Häusern zu betrachten ist.

Genau dies ist die Spur zum Verstehen. Das Wesen des Christentums liegt nicht in der Originalität der Lehre, sondern in der Person dieses Jesus, in dem Gott Mensch geworden ist, „Fleisch" angenommen hat. Es liegt nicht in erhabenen Worten, nicht in spirituellen Höhenflügen, auch nicht im besonders kühnen Einsatz für die anderen. Die Mitte findet sich in diesem Jesus, der Gott ist und Mensch. Er ist der kürzeste, direkteste Weg zwischen dem Menschen und Gott. Er in seiner menschlichen Gestalt, hier in den Armen seiner Mutter, später ausgespannt am Kreuz. Wir Gottsucher sind eingeladen, das Mensch-Sein dieses Jesus zu entdecken und uns davon berühren zu lassen, um vorzustoßen zu seinem Gott-Sein.

„Gott ließ mich den vollendeten Stolz der Liebe kennenlernen. Wir müssen das Menschsein Christi lieben, um zu seiner Göttlichkeit zu gelangen", schrieb die Mystikerin Hadewijch von Antwerpen. – „Stolz der Liebe", das meint das Bewusstsein der eigenen Würde und den Mut der Zuwendung, eine edle, ganz tiefe Liebe zu Jesus.

Christus suchen, das heißt für mich: auf die Suche gehen nach jedem Fragment, nach jedem noch so kleinen Element, das uns Jesus als Menschen zeigt, nach jedem Wort, nach seinem Verhalten, nach jeder menschlichen Regung, nach allem, was uns in den Evangelien von ihm überliefert ist.

Ich lasse mich davon berühren, wie er sich etwa den Kindern gegenüber verhält, wie er den Frauen begegnet, den Freunden …
    Wie er die Sonne und den Wind, die Vögel und die Blumen, den Wein und das Licht wahrnimmt und wertschätzt.
    Wie er mit dem himmlischen Vater in Beziehung ist.
    Es berührt mich zu sehen, wie er Angst hat.
    Welchen Mut er an den Tag legt.
    Wie er weint, und auch, wie er schreit.
Ich sehe ihn vor mir, wie er ein Kind ist;
    ich sehe seinen verwundeten Leib;
    sehe, wie er das Duftöl liebt und Gefallen daran hat,

als eine Sünderin ihm wie eine Freundin zärtlich durch das ölgetränkte Haar fährt.

Ich stelle mir vor, wie sein Antlitz auf dem Berg der Verklärung zu leuchten beginnt ...

Die Schönheit Christi ist eine menschliche und göttliche Schönheit: wie er von der Suche nach dem „verlorenen Schaf" spricht und von der Umarmung des „verlorenen Sohnes", wie er denen vergibt, die ihn kreuzigen, ihn, dem nichts geblieben ist als die Holzbalken und die Nägel, gerade genug, um angenagelt zu sterben. Zu sterben ... aus Liebe.

Dann derselbe Jesus als Auferstandener: *das* Zeichen, dass die Liebe, dass Gott stärker ist als der Tod. Der Stein vor dem Grab ist weggerollt; die Steine, die den Zugang zum Herzen versperren, sind es auch.

„Auf dem Weg über den Menschen gelangst du zu Gott", sagt der hl. Augustinus. Zu Gott gelangen wir, indem wir uns ergreifen lassen von diesem Jesus in seiner ganzen Menschlichkeit:

an Weihnachten als Kind in der Krippe und auf den Armen der Mutter,

viele Jahre in der Verborgenheit des Lebens in Nazaret,

später unterwegs auf den Straßen, ein Freund der Zöllner und Sünder ...

Begleiten wir ihn bei seinem öffentlichen Wirken: wie er den Kranken die Hände auflegt und den Mächtigen in die Augen schaut; wie der Staub der Straßen Palästinas seine Füße bedeckt und wie das kostbare Öl an ihnen hinabfließt. Wie er schließlich geschunden wird, wie das Blut an seinem Leib klebt. Wie er stirbt. Dieser Jesus, sein Leib, sein „Fleisch", seine ganze Menschlichkeit ... – *caro salutis cardo*: sein „Fleisch" ist die Tür zum Heil, der Dreh- und Angelpunkt.

Die Sterndeuter haben ihn gesucht und gefunden: ein kleines Menschenkind. Wir, Gottsucher wie sie, können ihn auch suchen, sehen, wo er wohnt ...

> „Dich strahlen sehen
> in Kinderaugen
> und dir dann begegnen
> im Letzten der Armen,
> dich weinen sehen –
> unsere Tränen weinend
> oder auch lächeln –
> lächeln wie niemand sonst."
>
> (David Maria Turoldo)

In Jesus bündelt sich meine Hoffnung, ja er ist mein Leben. Darum ist mir das Evangelium so kostbar; da kommen wir diesem Jesus in seinem Menschsein, seinem „Fleisch" am nächsten, da ist er zum Greifen nah, da sehen wir ihn, erleben wir ihn, leiden wir mit ihm, freuen uns an ihm.

Betrachten wir das Menschsein Jesu, lassen wir uns davon ergreifen, wie er Mensch ist, auch in seinen ganz konkreten Zügen, in seinen alltäglichen Gesten. Es kann einen neu zum Staunen bringen.

Ein Kind in den Armen seiner Mutter

Die Suchenden finden ein Kind in den Armen der Mutter. Die Mutter verkörpert eine Geborgenheit, in der sich leben lässt. Aus dieser „Umarmung", aus der Liebe, die ihm mit auf den Weg gegeben wird, dann auch aus seinem Glauben wird Jesus eine enorme Lebenskraft schöpfen. Der Mutter kann man sagen: Maria, fürchte dich nicht; sei unbesorgt: Dein Kind wird leben; denn viel Liebe hast du ihm mitgegeben!

Bis heute lebt Gott auch von unserer Liebe. Uns kommt es zu, ihm zu helfen, dass er „zur Welt kommen kann",

Über einen Stern gestolpert

bei uns, in unseren Häusern, in den zwischenmenschlichen Begegnungen ...

Wir sollten das Alltägliche, das ganz Konkrete, die Werktage, die kleinen Gesten neu wertschätzen. Auf diese Weise „helfen" wir dem heruntergekommenen, uns nahegekommenen Gott, in uns und unter uns zu leben. Leib und Geist, Himmel und Erde sind verbunden; wir Menschen und Gott, der uns umarmt, wirken zusammen im konkreten Leben.

Auch heute hat das Wort des Täufers Johannes Gültigkeit: „Mitten unter euch steht einer, den ihr nicht kennt" (Johannes 1,26). Doch wie stellt man es an, ihn zu erkennen? Der Täufer sagt: „... ich bin nicht würdig, ihm die Riemen der Sandalen zu lösen" (1,27); Jesus hat also Sandalen getragen – wie alle anderen auch. Wiederum ein paradoxes „Erkennungszeichen": Christus zeichnet sich gerade dadurch aus, dass er als einer von uns in unsere Mitte kommt; stets wählt er den Weg der Demut. Wir hätten ihm wohl eher einen glanzvollen Auftritt empfohlen und auf die Faszination der Macht gesetzt. Er dagegen entscheidet sich für die Faszination der Liebe.

Die Sterndeuter, so heißt es, „gingen in das Haus und sahen das Kind und Maria, seine Mutter; da fielen sie nieder und huldigten ihm". *Ihm* huldigen sie, nicht den beiden. Maria, die Mutter, ist für Jesus wie ein Altar, wie ein Tabernakel oder ein Heiligtum, das ihn, den Sohn, *den* Heiligen, „birgt".

Das Haus, über dem der Stern stehen bleibt, beherbergt das Kind und die Mutter; und diese wiederum ist für das Kind ein Zuhause. Die vielfältigen Bedeutungen, die im Begriff „Haus" mitschwingen, machen etwas von der Beziehung zwischen Maria und Jesus, dem Herrn, deutlich. Die Kirchenväter der ersten Jahrhunderte haben es symbolisch ausgedeutet, indem sie alttestamentliche Allegorien auf Maria bezogen: das Zelt des Exodus, die Decken oder Zelte aus dem Hohelied, „den Ort der Ruhe", von dem in den Psalmen die Rede ist. Auch Franz von Assisi grüßt Maria in einem bekannten Gebet mit solchen biblischen Begriffen:

„Sei gegrüßt, Herrin, heilige Königin ...,
Sei gegrüßt, du sein Palast.
Sei gegrüßt, du sein Zelt.
Sei gegrüßt, du seine Wohnung.
Sei gegrüßt, du sein Gewand.
Sei gegrüßt, du seine Mutter."

(Franz von Assisi)

Für eine angemessene Marienverehrung kann die biblische Erzählung von den Sterndeutern eine Quelle der Inspiration sein. Maria erscheint als das Heiligtum Gottes, als das Haus, zu dem die Sterndeuter auf ihrer Suche nach dem Absoluten unterwegs sind – *um das Kind zu finden* ... Das Kind finden, Jesus finden, das ist der Zielpunkt.

In diesem Jesus finden alle, die um Vergebung bitten, die Vergebung des Vaters;
    in ihm können die Sinnsucher das Wort finden, das ihrer Existenz Farbe verleiht;
    in ihm finden die nach Liebe Hungernden das „Brot", das ihren Hunger stillt;
    bei ihm finden die Lebenshungrigen ewige Fülle ...
    Alle, die suchen, können „finden" – und die gefunden haben, werden ihm „huldigen": Froh und dankbar werden sie ihm zeigen, was er ihnen bedeutet.

Maria ist in ihrer Person der „Treffpunkt" zweier Bettler, die beide um Liebe betteln. Der eine ist Gott; der andere der Mensch. Maria lenkt dabei den Blick nicht auf sich, sondern sie verweist auf den Sohn. Ihn zeigt sie – und zieht sich zurück.

Ein Stern
auf dem Grund des Herzens

„Dann holten sie ihre Schätze hervor und brachten ihm Gold, Weihrauch und Myrrhe als Gaben dar."

Die Sterndeuter öffnen ihre Schatzkästchen und holen Gold, Weihrauch und Myrrhe hervor. Wer einen Menschen kennen- und schätzen oder gar lieben gelernt hat, der verspürt früher oder später unwillkürlich den Wunsch, ihm etwas zu schenken. Denn Liebe will immer mehr schenken als nehmen: Schenken, ja Geschenk sein, das ist eine Dimension aller echten Liebe.

Gold, Weihrauch und Myrrhe sind die Gaben der Sterndeuter, nicht etwa Blumen, Spielsachen oder Süßigkeiten.

Gold bringen sie mit: Gold, etwas ganz Kostbares, kostbar wie das Hören auf Gott.

Und *Weihrauch*, etwas Erhabenes, ein Symbol der Anbetung.

Und *Myrrhe*, etwas Herbes, Bitteres, bitter wie unsere Ängste und Enttäuschungen.

Das Kostbare, das Erhabene, das Bittere – alles kann zu diesem Kind gebracht werden. Denn bei ihm ist

Platz für alles: für das Schöne und Edle, für das Göttliche, für das Tragische.

Und ich, Herr, der ich von weither komme, der ich einem Stern folge, der mal zu sehen ist und dann wieder nicht, ich, der ich schwierige Etappen hinter mir habe, was kann ich dir schenken? Was kann *ich* dir schon bringen?
Eine Antwort finde ich in den Versen eines lateinamerikanischen Gebets: „Mein Leben ..." – Ja, mein Leben kann ich dir bringen, so, wie es ist, damit du es nimmst und etwas damit machst.

> „Mein Leben, Herr,
> ist schlicht wie eine Flöte;
> spiele du darauf deine Melodie.
> Mein Leben, Herr,
> ist wie weicher Ton;
> forme du ihn in deinen Händen, wie du willst.
> Mein Leben, Herr,
> ist wie ein Same im Wind;
> säe ihn, wo du willst.
> Mein Leben, Herr,
> ist wie ein trockenes Stück Holz;
> zünde es an und lass es brennen
> für die Armen und für dich."

Schließlich kehren die Sterndeuter nach Hause zurück. Ihre Spur verliert sich irgendwo im Orient, doch sie selber werden sich nicht mehr verlieren: Sie haben „gefunden", auf dem Grund ihres Herzens leuchtet fortan ein Stern.

Der Glaube ist eine Begegnung, die das Leben verwandelt. Er lässt uns den Auseinandersetzungen standhalten und Widerstände überwinden. Er lässt uns Wege, vielleicht auch neue, andere Wege finden – wie die Sterndeuter: Als ihnen die Absichten des Herodes klar wurden, „zogen sie auf einem anderen Weg heim in ihr Land".

Wer Jesus gefunden hat, dessen Leben nimmt eine neue Richtung: Der Weg „nach Hause", der Weg zur inneren Mitte, zum Sinn des Lebens verläuft auf neuen Bahnen, er ist gesäumt von unerwarteten Geschehnissen, von Worten, die man sich nie hätte ausdenken können.

Es sind nicht die Ideen, die das Leben nachhaltig verändern, sondern die Begegnungen. Nicht Theorien, sondern Menschen.

Wenn es uns so schwerfällt, uns zu ändern, könnte es womöglich auch daran liegen, dass wir ein wenig verlernt haben, einem anderen Menschen wirklich zu begegnen? Ihm so zu begegnen, dass wir wieder einmal zu staunen beginnen? So, dass wir staunen – und es im Herzen bewahren?

„Ein wahrer Gottsucher ist einer,
der über einen Stern
stolpert,
der Weihrauch und Gold eintauscht
gegen ein Kinderlächeln,
der neue Pfade ausprobiert
und dessen Spur sich verliert
im Wüstensand."

(D. M. Montagna)

Nach dem Weggang der Sterndeuter oder: Die göttliche Kraft des „Dennoch"

Weihnachten ist nichts Sentimentales. Weihnachten ist etwas Dramatisches, von Anfang an. Betlehem, gestern noch voller Engel, ist zum Ort des Verbrechens geworden: laute Schreie, Blut, das Blut der von Herodes getöteten Kinder (vgl. Matthäus 2,18). Und der Glaube fragt: Warum? Warum greift Gott nicht ein? Warum wirkt er kein Wunder? Wie ist das mit seiner

Allmacht? Warum gebietet er einem Herodes und mit ihm allen Tyrannen der Erde nicht Einhalt?

***

Ein Vater, eine Mutter, ein Kind ... – ein Raum der Liebe, bewohnt von Menschen, die einander zugetan sind, die sich lieben. Sie machen keinen Lärm. *Dort* greift Gott ein. Da kommt er zum Zug. Bis heute.

Herodes schickt seine Soldaten, Gott schickt einen Engel auf dem geheimnisvollen Weg der Träume. Und wo ein Traum wie ein Sandkorn in das unbarmherzige Räderwerk der Geschichte hineinfällt, kann er den Gang der Dinge verändern. „Steh auf, nimm das Kind und seine Mutter und flieh", sagt Gottes Engel dem Josef im Traum. Josef versteht – und tut das Richtige. Auch wenn es kein leichter Weg ist.

Das Kind auf der Flucht. Mitten in der Nacht. Gott, ein Flüchtling. Die Zukunft ist ungewiss. Die Route wird nicht genannt, das Datum der Heimkehr auch nicht. Warum?

Der Engel Gottes hat nicht die Aufgabe, ihnen das Exil zu ersparen oder die Zeit in der Wüste abzukürzen. Aber er gibt ihnen Kraft *inmitten der Wüste*, damit sie während dieses Exodus nicht kapitulieren, damit sie im Exil nicht resignieren.

Über einen Stern gestolpert

Drei Mal hat Josef einen Traum. Jedes Mal wird ihm nur *etwas* mitgeteilt, eine Prophezeiung für eine kurze Zeitspanne. Er lässt sich darauf ein und bricht auf, ohne zu verlangen, dass vorab alles geklärt sein müsse. Er bricht auf, ohne den Horizont zu überblicken, allein „mit genügend Licht für den ersten Schritt" (John Henry Newman) und mit der Kraft für die erste Nacht. Wie Abraham, der sich unter dem Sternenhimmel auf den Weg macht und nicht weiß, wohin „die Stimme" ihn führen wird; doch Gott wird ihm nahe sein an jedem Wendepunkt des Lebens und ihm versichern, dass auch im dunkelsten Schicksal eine Verheißung verborgen ist.

Josef genügt ein Gott, dessen Herz für sie, diese drei Flüchtenden, schlägt und der ihnen auf allen Wegen nahe ist: Sie werden nach Hause kommen, auch wenn der Weg über Ägypten führt.

Dann stirbt Herodes, und der Engel kehrt zurück. Und wieder wird im Traum nur ein klein wenig geoffenbart. Wiederum: Licht für eine Nacht, zum Aufbruch reicht es.

Woher nimmt dieser Josef die Kraft, aufzustehen, die Mutter und das Kind zu nehmen und aufzubrechen? Abermals aufzustehen und zurückzukehren? Woher nur nimmt er in all seiner Angst die Kraft?

Es ist Gott selbst, der in diese verschlungene Weg- und Umweggeschichte „eintritt": als Kraft von oben, als Kraft zum Weitergehen, als Kraft, das Kind und die Mutter zu nehmen und in der Ferne neu anzufangen. Stark ist der Herr, und er lässt nicht zu, dass die Seinen aufgeben. Klug sind seine Wege, die hier und heute nicht zum Sturz von Palästen und einer herodianischen Dynastie führen, wohl aber zu einer weisen Wahl eines geeigneten Zufluchtsorts.

> Dieser Gott wird dir
> auch in den Härten des Lebens helfen
> zu lieben,
> ja vielleicht sogar zu singen.

Josef hat es mit den Mächtigen zu tun bekommen, mit Herodes, der das Kind sucht, mit dem Angst einflößenden Nachfolger Archelaus. Jedes Mal hat Josef einen Traum, jedes Mal zeigt sich ein Weg...

Ja, in all diesen Ereignissen gibt es ein „Dennoch", ein „Aber": Es tut sich doch noch ein Weg auf.

Herodes mag noch so viel drohen, ja Soldaten schicken und töten: Seine Pläne gehen nicht auf.

Gott schickt keine Heerscharen und auch keine schnellen Reittiere für den Weg durch die Wüste. Er schenkt seine Kraft und lässt im Traum einen Engel eine Botschaft verkünden.

Es ist ein Glaube, der *allem zum Trotz* Licht gibt und einen sagen lässt: Ja, ich weiß, dass in der Welt vielfach die Stärkeren herrschen. Ich weiß, dass Menschen wie Herodes immer noch bereit sind zu schlimmsten Verbrechen. Ich weiß, dass das Leben oft voller Gefahren ist, dass es Flucht und Vertreibung gibt. Aber ich weiß auch, dass dahinter eine andere Wahrheit liegt, etwas, worüber nicht Menschen verfügen, sondern Gott, ein anderer Plan, der nicht in den Palästen ersonnen wird, eine andere Gerechtigkeit als das, was wir so zu nennen pflegen. Gott wird seinen Sohn „aus Ägypten rufen", er *wird* aus Ägypten zurückkehren.

Das ist Glaube, der Glaube derer in der Verbannung, ein Glaube, der in allem Schlimmen und Schrecklichen darauf vertraut, dass sich dahinter ein roter Faden verbirgt und dass Gott das Ende des Fadens fest in seiner Hand hat. Wir können nicht tiefer fallen als in die Hand dessen, der unser Leben bis ins Letzte geteilt hat.

Josef, „der gerecht war",
verkörpert die Aufrechten dieser Erde:
die Männer und Frauen,
die bereit sind, andere Menschen mitzutragen;
die eine Liebe praktizieren,
welche keine Mühe scheut
und sich von der Angst nicht bremsen lässt;

Josef steht für die Frauen und Männer,
die ohne Aufhebens und ohne Lohn
in aller Stille tun, was zu tun ist;
die wissen, dass „die höchste Aufgabe in der Welt
darin besteht, mit dem eigenen Leben
das Leben anderer zu schützen" (E. Canetti).
Das sind Menschen,
die zu träumen wagen *und* konkret handeln,
Menschen, die schwach und wehrlos sein mögen
und dennoch stärker sind als jeder Pharao.

Heilige Familie in Krise

Jesus ist geboren, die Familie kehrt zurück nach Nazaret. Alles im Lot, könnte man meinen, doch ...

„Als seine Eltern alles getan hatten, was das Gesetz des Herrn vorschreibt, kehrten sie nach Galiläa in ihre Stadt Nazaret zurück. Das Kind wuchs heran und wurde stark, erfüllt mit Weisheit, und Gottes Gnade ruhte auf ihm.

Die Eltern Jesu gingen jedes Jahr zum Paschafest nach Jerusalem. Als er zwölf Jahre alt geworden war, zogen sie wieder hinauf, wie es dem Festbrauch entsprach. Nachdem die Festtage zu Ende waren, machten sie sich auf den Heimweg. Der Knabe Jesus aber blieb in Jerusalem, ohne dass seine Eltern es merkten. Sie meinten, er sei in der Pilgergruppe, und reisten eine Tagesstrecke weit; dann suchten sie ihn bei den Verwandten und Bekannten. Als sie ihn nicht fanden, kehrten sie nach Jerusalem zurück und suchten nach ihm. Da geschah es, nach drei Tagen fanden sie ihn im Tempel; er saß mitten unter den Lehrern, hörte ihnen zu und stellte Fragen. Alle, die ihn hörten, waren erstaunt über sein Verständnis und über seine Antworten.

Als seine Eltern ihn sahen, waren sie voll Staunen und seine Mutter sagte zu ihm: Kind, warum hast du uns das angetan? Siehe, dein Vater und ich haben dich mit Schmerzen gesucht.

Da sagte er zu ihnen: Warum habt ihr mich gesucht? Wusstet ihr nicht, dass ich in dem sein muss, was meinem Vater gehört?

Doch sie verstanden das Wort nicht, das er zu ihnen gesagt hatte. Dann kehrte er mit ihnen nach Nazaret zurück und war ihnen gehorsam. Seine Mutter bewahrte all die Worte in ihrem Herzen.

Jesus aber wuchs heran und seine Weisheit nahm zu und er fand Gefallen bei Gott und den Menschen" (Lukas 2,39-52).

***

Heilige Familie in Krise

Man nennt sie „die heilige Familie": Josef, Maria und Jesus, die Familie aus Nazaret. Auch dieser Familie sind bange Sorgen nicht erspart geblieben. Voller Angst haben Maria und Josef den jungen Jesus überall gesucht: die heilige Familie in Krise! In einer Krise, wie auch andere Familien sie durchmachen, wenn Kinder und Eltern sich nicht verstehen. Maria und Josef mögen noch so großartige Eltern gewesen sein – ihr Kind haben sie an einem gewissen Punkt einfach nicht verstanden. Auch sie, die man als Propheten bezeichnen könnte, Menschen, die von Engeln besucht worden sind, auch sie begreifen nicht, was da vor sich geht. Selbst die Heiligen verstehen die Heiligen oft nicht.

Von dieser heiligen und doch nicht vollkommenen Familie, von dieser heiligen Familie, die eben auch ihre Grenzen hat, geht irgendwie ein Segen aus, etwas Tröstliches, das all unseren Familien mit all *ihren* Grenzen gut tun kann: Nur Mut; nicht einmal die heiligste aller Familien ist vom gegenseitigen Nicht-Verstehen verschont geblieben!

Doch etwas fällt auf: Maria und Josef gehen *zusammen* nach Jerusalem, *zusammen* kehren sie nach Nazaret zurück, *zusammen* suchen sie Jesus. *Zusammen.* Das ist alles andere als normal oder gar selbstverständlich. Viele sind gewohnt, ihren eigenen Weg zu gehen, eigene

Ziele zu verfolgen, jede(r) hat seine Geheimnisse. Ein Miteinander, zumal wenn es um Glaubensangelegenheiten geht, ist wirklich nicht die Regel.

Und noch etwas springt ins Auge. Maria fragt: „Kind, warum hast du uns das angetan?" Sie beginnt ein Gespräch, ein ruhiges Gespräch. Nicht „hingeknallte Vorwürfe", sondern eine Frage. Sie möchte wissen, warum, sie will hören, was ihr Sohn sagt, und sie ist offen für die Antwort, obwohl diese ihr unverständlich ist. Und auch der Sohn hört, geht ein auf die Frage und antwortet seinerseits mit einer Frage.

Wie oft herrscht dagegen bei uns, in unseren Familien ein gefährlicher Mangel an Kommunikation!

Wie schön sind diese beiden Verben:
zuhören und *fragen*!

Wir dürfen wohl annehmen, dass beides tagtäglich Platz hatte in jenem Haus in Nazaret, dass „Zuhören und Fragen, Einander-Zuhören und Einander-Fragen gang und gäbe waren" (A. Casati).

Heilige Familie in Krise

Wenn man einander nicht versteht ...

Gott „prüft" den Menschen, um ihn in seinem Wollen und in seiner Freiheit zu „erziehen". Er führt den Menschen heraus aus einem unersättlichen und nie befriedigten Wünschen, um ihn für die Freiheit zu öffnen: eine Freiheit, die dem anderen vertraut und sich Gott anvertraut (F. G. Brambilla). In der Prüfung kann das Herz weise werden.

„Warum habt ihr mich gesucht? Wusstet ihr nicht, dass ich in dem sein muss, was meinem Vater gehört? Doch sie verstanden das Wort nicht, das er zu ihnen gesagt hatte." – Wirklich Vater werden, wirklich Mutter werden, das ist ein lebenslanger Prozess, auf den man sich je neu ganz bewusst einlassen muss, auch wenn man die eigenen Kinder nicht versteht, auch wenn es den Anschein hat, dass sie einem nicht einmal zuhören.

Es ist eine weise Strategie, in solchen Schwierigkeiten und Prüfungen nicht ins Klagen und Kritisieren zu verfallen, sondern sich erneut für das Leben miteinander zu entscheiden. Einander neu zuzuhören. Und gemeinsam dem zu folgen, wozu man gerufen ist.

Jesus kehrte schließlich „mit ihnen nach Nazaret zurück und war ihnen gehorsam".

Was aber, wenn man sich in der Familie einfach

nicht mehr versteht, wenn es Protest hagelt, wenn die Kinder sich gegen die womöglich übertriebenen Erwartungen der Eltern auflehnen und selber bestimmen wollen, wenn sie sagen, dass sie nicht mehr glauben?

In solchen Zeiten ist es hilfreich, sich an das zu erinnern, was Kardinal Lustiger einmal so formulierte:

„Wenn euer Kind die religiöse Praxis aufgibt, heißt das nicht, dass es Gott verloren hätte, und schon gar nicht, dass Gott euer Kind verloren hätte. Im Grunde wisst ihr nicht, was im Innersten eures Kindes vor sich geht. Vor allem dürft ihr euch nicht schuldig fühlen. Der Glaube hat seine ‚Jahreszeiten' und folgt geheimnisvollen Wegen. Doch wenn ihr den guten Samen des Evangeliums gesät habt, dann dürft ihr darauf vertrauen, auch wenn gerade Winter ist und alles wie tot erscheint, dass der Same aufkeimt: Es wird auch wieder Frühling! Der Prophet Jesaja versichert, dass die Dinge Gottes nicht zu ihm zurückkehren, ohne Frucht gebracht zu haben; denn die Kraft liegt nicht im Sämann, sondern im Samen, nicht im Prediger, sondern in der verkündigten Frohen Botschaft. Nicht die Tüchtigkeit der Eltern ist maßgeblich, sondern die innerste, gute und unüberwindliche Kraft dessen, was sie ihren Kindern weitergegeben haben: Die Kraft liegt im guten Samen, nicht im guten Sämann."

Wie oft habe ich erlebt, dass der Glaube, der abhanden gekommen schien und irgendwo in der Versenkung verschwunden war, nach Jahren neu hervorbrach. Es ist wie bei einem Fluss, der urplötzlich in einer Karstlandschaft verschwindet und dann zig Kilometer entfernt ebenso plötzlich wieder auftaucht – mit mehr und klarerem Wasser als zuvor ...

In den Tiefen des Lebens, in den verborgenen Schichten der Existenz kann der Glaube unmerklich heranreifen. So heißt es, in jeder Phase in Treue weiterhin Vater und Mutter zu sein, auch im Glauben; Vertrauen zu schenken, im Gespräch zu bleiben – als Menschen, die durch ihr bloßes Dasein das liebende Antlitz Gottes verkünden.

AUF DEM WEG NACH HAUSE

Lukas erzählt von zwei Reisen der heiligen Familie: der nach Jerusalem zum Tempel und der Heimreise, die sie wieder zu den Menschen in Nazaret führt. Jerusalem und Nazaret verkörpern die beiden Pole, zwischen denen sich unser Leben abspielt und für die unser Herz schlagen sollte: für die „Dinge Gottes" und für die uns anvertrauten Menschen.

„Dinge Gottes", was heißt das? „Die Ehre Gottes ist der lebendige Mensch", schrieb Irenäus von Lyon schon im 2. Jahrhundert. Gott lenkt unseren Blick vor allem auf den Menschen – und somit auf die Gerechtigkeit, auf Frieden und Freiheit für jedes Menschenkind.

Gott kommt uns entgegen, er begegnet uns nicht zuletzt in den Gesichtern derer, die mit uns leben, die unsere „Nächsten" sind, er begegnet uns in der Liebe, die sie uns schenken, in ihrem Wunsch nach Nähe, in ihrer vielleicht stummen Bitte um Hilfe, wenn sie alt oder krank sind, ja sogar in ihren Fehlern, vielleicht auch in ihren Sünden.

> Da, wo wir leben, mitten in unseren Häusern
> berühren wir, streifen wir sozusagen Gott
> und werden von ihm berührt.
> Denn ein jeder ist Wohnung
> eines unermesslichen Mysteriums.

Eine zweifache Reise ist es: der Pilgerweg nach Jerusalem und der Pilgerweg nach Nazaret. Jerusalem sagt: „Du wirst deinen Gott lieben mit ganzem Herzen!" Nazaret sagt: „Du wirst deinen Nächsten lieben wie dich selbst!" Der Pilgerweg zum Tempel ruft mahnend in Erinnerung: „Nicht nur vom Brot lebt der Mensch!" Der Pilgerweg nach Hause impliziert die Bitte: „Unser tägliches Brot gib uns heute!"

Es geht darum, Nazaret und Jersualem zu vereinen: den Alltag und die Ewigkeit, die Dinge Gottes und „meine Leute", das Leben zu Hause und den weiten Bogen der Geschichte Gottes mit seiner Schöpfung und der Welt, über die der Geist seine Flügel ausgebreitet hat ... *Dazu* sind wir berufen.

> Unsere Bestimmung und unsere Heiligkeit
> liegen darin,
> Nazaret und Jerusalem zusammenbringen,
> auf dass sie ein und dasselbe werden:
> ein Ort Gottes, ein Ort, an dem das Herz
> für die Menschen schlägt.

Eine lebendige Erzählung von Gott

„Dann kehrte er mit ihnen nach Nazaret zurück ..."

Jesus verlässt den Tempel und die Schriftgelehrten und geht mit Maria und Josef, er lässt die Interpreten der Bücher zurück und folgt denen, die ihn das Leben lehren. Das erste „Lehramt" ist zu Hause, in der Familie, und dieses Lehramt ist noch wichtiger als das im Tempel oder von der Kirche ausgeübte. Nicht umsonst heißt es, dass aus der Haustüre der Familien Heilige oder Sünder herauskommen, Menschen, die andere in die Irre führen oder Menschen, die für viele wie ein Licht sind.

Maria und Josef, das Paar aus Nazaret, sind Jesu erste „Propheten", die ersten, die ihm etwas von Gott kundtun. Sie offenbaren, wenn man so sagen kann, ihrem Sohn, dem menschgewordenen Gott, erstmals etwas von Gott. Als Paar, in ihrem Lebensbund, in ihrem Lieben und in ihrer Hingabe sind sie ein Bild und Gleichnis des Antlitzes Gottes; mit ihrem Leben geben sie wichtige Züge dieses Antlitzes, wie sie sich in der Bibel finden, wieder; miteinander sind sie eine lebendige Erzählung von diesem Gott.

Jedes Paar verkörpert etwas von dieser prophetischen Dimension: Es spricht auch ohne Worte von dem Gott, der Leben schenkt und Leben aufblühen lässt. Darin liegt eine große Verantwortung, und doch ist es eigentlich etwas ganz Einfaches:

> Es geht nicht darum,
> wer weiß welch große Dinge zu vollbringen,
> sondern schlicht darum,
> in Liebe und Hingabe zu leben.

"... und [Jesus] war ihnen gehorsam."

Jesus ordnet sich denen unter, die ihn nicht verstehen. Klar und deutlich benennt er die Distanz, wenn er sagt, dass er einen anderen Vater hat: „Wusstet ihr nicht, dass ich in dem sein muss, was meinem Vater gehört?", und doch ist er seinen Eltern gehorsam. Er will das Leben der Menschen leben, ohne Abstriche, auch als Heranwachsender. Auch er wächst und reift im Leben daheim, durch die gemeinsamen Gespräche und Unternehmungen, auch durch das Erleben gegenseitigen Unverständnisses und im neuen Sich-aufeinander-Einlassen.

Es ist tröstlich zu wissen, dass auch unsere *Grenzen* beitragen können, dass jeder „an Weisheit und Gnade wächst". Liebe und Wahrheit helfen dabei.

Ja, auch wenn man der Begrenztheit und den Grenzen der anderen unterworfen ist, denen des Ehepartners oder der Eltern, wenn ihr Rhythmus, ihr Verhalten einen selber einschränkt, auch dann kann man „an Weisheit und Gnade wachsen". Auch wenn man nicht versteht und nicht verstanden wird.

Denn wir alle sind immer mehr als unsere Grenzen oder Probleme. Mein Vater, meine Mutter, der Partner oder die Partnerin, auch die Kinder können niemals mit ihren Fehlern und Defiziten gleichgesetzt und auf diese reduziert werden. Auch in ihnen ist jenes tiefe Mysterium lebendig, auch in ihnen ist etwas Göttliches. Und dieses Geheimnis kommt selbst inmitten aller Zweifel und Mühsal und durch diese hindurch zum Tragen: Etwas davon leuchtet auf, wenn wir anfangen nachzudenken und uns gegenseitig zuhören.

Die Kunst zu leben

Im Haus von Nazaret, daheim im Miteinander wie bei der Arbeit lernt Jesus das Leben kennen. Dort findet er Geschmack am Leben, begreift, wie kostbar es ist: etwas Gutes, das es zu wählen gilt, etwas Großes, das den eigenen Einsatz lohnt. Jesus lernt, das Leben als einen tiefen, einen starken, einen guten Anruf zu empfinden. Er beginnt, das weite Feld der Beziehungen zu erkunden und zu verstehen, was Gemeinschaft und Dasein füreinander bedeuten. Ein grundlegendes Vertrauen wächst ja ganz früh zu Hause, es prägt sich im Herzen ein als Keim einer positiven Sicht des Lebens. In einem guten Zuhause, wie Jesus es vorgefunden haben wird, begegnet man sich offen und liebevoll, da ist Raum für Spontaneität; Gefühle und Befindlichkeiten werden wahr- und ernst genommen.

Die Kunst zu leben, so ist mit Recht gesagt worden, liege in der Fähigkeit, *über das Alltägliche staunen zu können* und es zu bejahen; die gewohnten Dinge zu tun, als wäre es das erste oder – wer weiß – das letzte Mal; das Gewöhnliche in etwas Außergewöhnliches zu verwandeln.

Die Kunst zu leben beinhaltet auch *die Kunst zu denken* und in die Tiefe zu gehen. Maria, die Mutter, „bewahrte all die Worte in ihrem Herzen", heißt es in dem öfter zitierten biblischen Text: Sie „bewahrt" das Wort Gottes, das nicht verstandene Wort, die brüske Antwort, die wundersamen Geschehnisse, das, was sich anders entwickelt als gedacht ... Sie bewahrt es im Herzen und denkt darüber nach, meditiert darüber und schützt es.

> Bitten wir Gott
> um die Gabe der Nachdenklichkeit,
> um die Fähigkeit,
> uns nicht einfach abzufinden
> mit dem Nichtverstehen,
> sondern weiter zu suchen –
> und eine Ahnung davon zu bewahren,
> „dass es mehr gibt".

Allzu oft leben wir so hektisch und oberflächlich, dass uns viel entgeht: so vieles, *was unserem Leben, unserem Tun Sinn und Freude geben kann*. Wie anders wäre unser Leben, wenn wir etwas mehr Gelassenheit und Licht, Achtsamkeit und Großherzigkeit in den grauen Alltag einfließen ließen ...

Und erachten wir es nicht als selbstverständlich, wenn im täglichen Miteinander andere uns mit ihrer Freundschaft und Zuneigung „ehren". Solche vertrauten Beziehungen sind ein großes Glück; sie tauchen alles in ein anderes Licht.

Ein gutes, ein schönes Leben

Das „Land, wo Milch und Honig fließen", das ist – bei allen Schwierigkeiten – für viele die Familie: Dort sind sie verwurzelt, dort ist der Ausgangspunkt, von dem aus sie ins Leben, in die Weite aufbrechen ...

An Jesus lässt sich ablesen, was ein gutes und im tiefen Sinne schönes Leben ist: ein Leben im Glauben an die Liebe, ein von „Sanftmut" und „Barmherzigkeit" geprägtes Leben. Jesus wird beschrieben als „einer, der umherzog und Gutes tat" (Apostelgeschichte 10,38), sein Leben war „auf Fels gebaut", in gutem Erdreich verwurzelt – und es hatte Richtung und Ziel.

Es war ein reiches, ein menschlich schönes Leben, in dem alles seinen Platz hatte: Freundschaften und Begegnungen, festliche Gastmähler und Momente der Ruhe, Mit-Leid und Mit-Freude, Lob und Staunen ... Von diesem Jesus ging ein Licht aus, das in Bann zog: *Es ist schön für uns, hier bei dir zu sein, mit deinen Freunden*, stammelt Petrus (vgl. Markus 9,2-10).

Das Schöne beflügelt das Herz, es stiftet Gemeinschaft, nimmt in guter Weise gefangen, bewegt zum Suchen und gleicht die Suchenden dem Gesuchten an: Die Sehnsucht nach wahrer Schönheit prägt einen Menschen, sie macht ihn selber schön.

Nicht Zwang oder eine lange Liste von Ge- und Verboten lassen das Leben gedeihen und bringen einen weiter, sondern die Passion für etwas. Und Leidenschaft wird da geweckt, wo jemand eine Ahnung von etwas Schönem bekommt, wo er von etwas angezogen, ja fasziniert ist, wo er es „kostet". Es können Worte oder Gesten sein, Gefühle oder Verhaltensweisen, die einen einfach überzeugen oder einem gar das Herz rauben.

So kann das Evangelium einen tatsächlich packen und auf den Geschmack bringen. Es schmeckt! Es bringt Geschmack auch in den Alltag; es schmeckt nach Brot, nach Handarbeit, es riecht nach dem Holz in der Zimmermannswerkstatt; es hat eben auch den Geschmack von Nazaret.

Das Leben Jesu war ein gutes Leben, das dem Herzen neue Wege zum Glück zeigt: „Glücklich, selig diejenigen, die ..." – Es sind neue Seligpreisungen, es ist ein Leben, in dem das ins Zentrum der Religion rückt, was das Zentrale unserer Existenz ist: die Liebe.

In den dreißig Jahren in Nazaret, den Jahren vor seinem öffentlichen Wirken, hat Jesus die kleinen Dinge schätzen gelernt; dort hat er verstanden, wie wichtig Gott auch das ganz Kleine ist und mit welch unendlicher Sorge er sich darum kümmert. „Bei euch ... sind sogar die Haare auf dem Kopf alle gezählt" (Lukas 12,7); „Kein Haar wird euch gekrümmt werden" (Lukas 21,18), wird Jesus später sagen. Es ist eine liebevolle Aufmerksamkeit, der nichts, was den geliebten Menschen betrifft, gleichgültig ist, auch nicht die kleinste Kleinigkeit. Für die Liebe hat auch das Wert. Das ist „frohe Botschaft", wie sie im Haus von Nazaret Wirklichkeit geworden ist.

Die Herausforderung und der Wert des Alltags

Dreißig Jahre ... – dazu gehören nicht nur Freude und Begeisterung, sondern auch der unspektakuläre Alltag. Wer wüsste nicht, dass nach anfänglichem Enthusiasmus mühsamere Zeiten kommen, in denen es heißt, in Treue weiterzugehen! Auch für diese Treue steht das Haus von Nazaret.

Die Bibel zeigt uns an vielen Stellen, dass Glauben Treue beinhaltet. Mit der Hoffnung ist es nicht anders; sie ist im konkreten Leben als „aktive Treue" zu buchstabieren: als ein nicht nachlassendes Agieren auf Zukunft hin.

Das Leben miteinander gestaltet sich ja nicht einfach so, wie wir es erträumt hatten (so wichtig die Träume auch sind!). Es ist eine Herausforderung, eine Gemeinschaft zu bilden, in der die Unterschiedlichkeit Raum hat. Die große Verheißung, die in der ersten Liebe und Begegnung liegt, muss sich bewähren in den Schwierigkeiten und Prüfungen, die früher oder später kommen.

Maria hat in Nazaret ganz konkret mit ihrem Sohn gelebt, dreißig Jahre. Mit diesem Menschen, nicht mit seiner Verkündigung, mit diesem Jesus, einem Menschen mit Fleisch und Blut, mit Haut und Haar, nicht so sehr mit seinen Ideen. Ähnlich Josef, der mit Jesus gearbeitet hat.

Weihnachten, das uns Jesu Menschsein in Erinnerung ruft, geht weiter im Alltag. Auch da begegnet uns Jesus *in seinem Menschsein*.

Dem Menschen Jesus begegnen ... Was das heißt, können wir etwa bei Franz von Assisi sehen. Wer spricht mit ihm? Der Gekreuzigte von San Damiano. Das Jesuskind von Greccio. Die Menschheit des Erlösers spricht ihn so tief an, dass sich die Wundmale Christi seinem Leib einprägen. Es ist die Geschichte dieses Menschen Jesus, die Franziskus berührt hat: die Menschheit dieses Jesus, die in der Theologie oft zu kurz gekommen ist und kommt, die in der Frömmigkeit, in der Spiritualität aber präsent ist.

Nur das Leben dieses Jesus, der in einem Stall zur Welt gekommen ist, sein durch und durch menschliches Leben ist die exakte, verlässliche Interpretation seiner „Lehre". Seine Offenbarung ist ein hingegebenes Leben – bis zum Äußersten.

Das Leben eines Menschen spricht von seinem Herzen: In unserem Leib, unserem „Fleisch", in unseren Gesten und Taten, in unseren konkreten Äußerungen drücken wir uns aus. Wir haben einen Leib und wir sind Leib, und dieser Leib erzählt von einem Herzen. Auch die dreißig Jahre Jesu im Alltag von Nazaret sagen uns etwas über das Herz Gottes; im dortigen Alltag „verdichtet" sich die Ewigkeit.

Wie wertvoll kann der Alltag sein! Wer und was wir sind, das zeigt sich nicht zuletzt da, in dem, was wir tun, und vor allem darin, *wie* wir das tun, was zu tun ist. Ob Abgeordnete(r) oder Hausfrau bzw. Hausmann, wichtig ist, *wie* wir unsere Aufgaben erfüllen, wie wahrhaftig und wie leidenschaftlich, wie engagiert und überzeugt. Wichtig ist, mit wie viel Liebe wir auch die ganz gewöhnlichen Dinge tun. Vielleicht wird das nicht die Welt retten, aber es macht sie ein Stück besser, menschlicher. Und denen, die sie jeden Abend ein wenig menschlicher und schöner hinterlassen, als sie sie am Morgen vorgefunden haben, denen „gehört die Welt".

In den Evangelien begegnen uns diverse Personen, deren Namen wir nicht kennen; sie tauchen nur kurz auf, um wieder in ihren Alltag hinein zu entschwinden. Wie diejenigen, die den jungen Esel zur Verfügung stellen, der Jesus bei seinem Einzug in Jerusalem dient, sie vertrauen den beiden Jüngern, als sie das Tier losbinden ... (vgl. Markus 11,2–6). Sie stehen für die vielen, die in aller Einfachheit dem Reich Gottes dienen, die nicht wer weiß was tun, sondern schlicht das, was gut und richtig ist. Und sie tun es großherzig: „Gut, dann nehmt das Tier!" Sie fassen sich ein Herz und lassen das Vertrauen über die Angst siegen, ohne sich in Szene zu setzen.

Wie viele solcher Menschen leben auch bei uns, in nächster Nähe, in der Nachbarschaft ... Die Kirche und das Reich Gottes gehen voran auf den „Eseln" dieser Menschen. Nicht so sehr zwischen Weihrauchschwaden oder in Versammlungen großer Menschenmengen, als vielmehr durch sehr viel unsichtbare Heiligkeit. Durch Menschen, denen vielleicht nicht einmal bewusst ist, wie wertvoll sie sind und wie viel Gutes sie bewirken. Solche Menschen braucht der Herr.

Ja, „der Herr braucht sie" – ein wunderbares Wort: Gott braucht mich, das Wenige, das ich habe, meinen „Esel", die Stunden, in denen ich versucht habe und versuche, gut zu tun, was zu tun ist. Er braucht die einfachen Taten und Gesten; er braucht ein demütiges Handeln; er braucht mein Vertrauen; er braucht ein großzügiges Herz.

Und nicht zuletzt braucht er Menschen, „die ihn machen lassen", Menschen, die sich in Dienst nehmen lassen von ihm.

„Ich danke dir, Jesus,
dass du auf einem jungen Esel kommst
und nicht auf Cherubinen,
in Demut –
und nicht in prachtvoller Größe.
In Windeln kommst du,
nicht in Kriegerrüstung,
in der Krippe,
nicht auf den Wolken des Himmels,
auf den Armen deiner Mutter
und nicht auf dem Thron deiner Herrlichkeit.
Zu uns kommst du,
rückst nicht gegen uns an,
zu retten kommst du,
nicht um zu richten,
uns in Frieden zu besuchen,
nicht uns im Zorn zu verdammen.

Wenn du so kommst, Herr Jesus,
dann laufen wir nicht vor dir weg,
sondern eilen dir voll Freude entgegen."

(Pietro di Celle)

Vom selben Autor ist erschienen:

Ermes Ronchi
DIE NACKTEN FRAGEN
DES EVANGELIUMS

192 Seiten, gebunden, ISBN 978-3-7346-1112-4

Auf Einladung des Papstes hielt Pater Ronchi diese aufsehenerregenden Meditationen vor der Kurie in Rom. Wichtige Themen kommen in den Blick:
Wofür brennen wir? Warum und wovor haben wir Angst?
Welche Rolle spielen bei uns die Frauen?
Worauf richtet sich unser Augenmerk: auf Regeln, auf die Vergangenheit – oder auf den einzelnen Menschen und die Zukunft Gottes?

»Eine Hilfe, wieder uns selbst zu finden« (Papst Franziskus).

Mehr unter: www.neuestadt.com